A INFILTRAÇÃO POLICIAL NO PROCESSO PENAL

ESTUDO COMPARADO TEÓRICO E PRÁTICO

© 2021 Editora Fórum Ltda.

É proibida a reprodução total ou parcial desta obra, por qualquer meio eletrônico, inclusive por processos xerográficos, sem autorização expressa do Editor.

Conselho Editorial

Adilson Abreu Dallari
Alécia Paolucci Nogueira Bicalho
Alexandre Coutinho Pagliarini
André Ramos Tavares
Carlos Ayres Britto
Carlos Mário da Silva Velloso
Cármen Lúcia Antunes Rocha
Cesar Augusto Guimarães Pereira
Clovis Beznos
Cristiana Fortini
Dinorá Adelaide Musetti Grotti
Diogo de Figueiredo Moreira Neto (*in memoriam*)
Egon Bockmann Moreira
Emerson Gabardo
Fabrício Motta
Fernando Rossi
Flávio Henrique Unes Pereira
Floriano de Azevedo Marques Neto
Gustavo Justino de Oliveira
Inês Virgínia Prado Soares
Jorge Ulisses Jacoby Fernandes
Juarez Freitas
Luciano Ferraz
Lúcio Delfino
Marcia Carla Pereira Ribeiro
Márcio Cammarosano
Marcos Ehrhardt Jr.
Maria Sylvia Zanella Di Pietro
Ney José de Freitas
Oswaldo Othon de Pontes Saraiva Filho
Paulo Modesto
Romeu Felipe Bacellar Filho
Sérgio Guerra
Walber de Moura Agra

Luís Cláudio Rodrigues Ferreira
Presidente e Editor

Coordenação editorial: Leonardo Eustáquio Siqueira Araújo
Aline Sobreira de Oliveira

Av. Afonso Pena, 2770 – 15º andar – Savassi – CEP 30130-012
Belo Horizonte – Minas Gerais – Tel.: (31) 2121.4900 / 2121.4949
www.editoraforum.com.br – editoraforum@editoraforum.com.br

Técnica. Empenho. Zelo. Esses foram alguns dos cuidados aplicados na edição desta obra. No entanto, podem ocorrer erros de impressão, digitação ou mesmo restar alguma dúvida conceitual. Caso se constate algo assim, solicitamos a gentileza de nos comunicar através do *e-mail* editorial@editoraforum.com.br para que possamos esclarecer, no que couber. A sua contribuição é muito importante para mantermos a excelência editorial. A Editora Fórum agradece a sua contribuição.

Dados Internacionais de Catalogação na Publicação (CIP) de acordo com a AACR2

F224i   Faria, Renan Barboza
          A infiltração policial no processo penal: estudo comparado teórico e prático / Renan Barboza de Faria.-- Belo Horizonte : Fórum, 2021.
          163p.
          ISBN: 978-65-5518-159-3

          1. Direito Processual Penal. 2. Direito Penal. I. Título.

                                                                             CDD: 341.43
                                                                             CDU: 343.1

Elaborado por Daniela Lopes Duarte - CRB-6/3500

Informação bibliográfica deste livro, conforme a NBR 6023:2002 da Associação Brasileira de Normas Técnicas (ABNT):

FARIA, Renan Barboza. *A infiltração policial no processo penal:* estudo comparado teórico e prático. Belo Horizonte: Fórum, 2021. 163p. ISBN 978-65-5518-159-3.

RENAN BARBOZA DE FARIA

Prefácio
José Raul Gavião de Almeida

A INFILTRAÇÃO POLICIAL NO PROCESSO PENAL

ESTUDO COMPARADO TEÓRICO E PRÁTICO

Belo Horizonte

FÓRUM
CONHECIMENTO JURÍDICO

2021

A Marcela, pelo amor e cumplicidade.

A minha mãe e irmã, pelo carinho e apoio.

AGRADECIMENTOS

O presente trabalho, devidamente revisto e atualizado, é fruto de dissertação de mestrado defendida no ano de 2017 na Faculdade de Direito da Universidade de São Paulo (USP), perante a banca examinadora composta pelos Professores Doutores José Raul Gavião de Almeida, Marta Cristina Cury Saad Gimenes e Edison Tetsuzo Namba.

Agradeço, primeiramente, ao Professor José Raul Gavião de Almeida por ter me acolhido na Faculdade de Direito do Largo de São Francisco, bem como pela confiança, apoio e, principalmente, pela atenciosa orientação, indispensáveis para o desenvolvimento deste trabalho e do crescente afeto pela pesquisa acadêmica.

Agradeço à Professora Marta Cristina Cury Saad Gimenes e ao Professor Edison Tetsuzo Namba pelas preciosas críticas e sugestões formuladas durante a elaboração do texto e que pavimentaram o enfrentamento das principais questões do tema.

Agradeço aos Professores Antonio Scarance Fernandes, Antonio Magalhães Gomes Filho, Marcos Alexandre Coelho Zilli, Maurício Zanoide de Moraes, Gustavo Henrique Righy Ivahy Badaró e Maria Thereza Rocha de Assis Moura pelas brilhantes aulas ministradas ao longo do curso de Pós-Graduação, que expandiram os horizontes da minha compreensão sobre o Processo Penal.

Por fim, agradeço aos amigos Anderson Silvano, Carlos Augusto Amado Lopes, Frederico Bechara de Paola, Henrique de Castilho Jacinto, Marcelo Augusto Souza, Marco Antônio Martin Vargas, Roberta Vieira Codazzi e William Jaques Gênova pelo aprendizado e companheirismo.

SUMÁRIO

PREFÁCIO
José Raul Gavião de Almeida 11

INTRODUÇÃO 13

CAPÍTULO 1
FORMAS DE APURAÇÃO DO CRIME ORGANIZADO 15

1.1 Introdução 15
1.2 Eficiência e garantismo na apuração do crime organizado 17
1.2.1 Eficiência, eficácia e efetividade 17
1.2.2 Eficiência e processo penal 18
1.2.3 Garantismo 20
1.2.4 Equilíbrio entre eficiência e garantismo 21
1.3 Prova e crime organizado 25
1.3.1 Terminologia da prova 25
1.3.2 Elemento de prova, fonte de prova, meio de prova e meio de obtenção de prova 26
1.3.3 Investigação na Lei nº 12.850/13 28
1.3.4 Natureza jurídica das medidas previstas para apuração de infrações penais na Lei nº 12.850/13 33

CAPÍTULO 2
A INFILTRAÇÃO POLICIAL 35

2.1 Origem do instituto 35
2.2 Conceito 39
2.2.1 Conceitos de infiltração policial nos ordenamentos jurídicos estrangeiros 40
2.2.2 Conceito de infiltração policial no direito brasileiro 45
2.3 Características fundamentais 47

CAPÍTULO 3
O AGENTE INFILTRADO E FIGURAS SEMELHANTES 73

3.1 Introdução 73
3.2 Informante 74

3.2.1	Conceito	74
3.2.2	Diferenças em relação ao infiltrado	76
3.3	Colaborador	78
3.3.1	Conceito	78
3.3.2	Diferenças em relação ao infiltrado	80
3.4	Agentes de inteligência	81
3.4.1	Conceito	81
3.4.2	Diferenças em relação ao infiltrado	82
3.5	*Undercover agent*	83
3.5.1	Conceito	83
3.5.2	Diferenças em relação ao infiltrado	85
3.6	Agente provocador	89
3.6.1	Conceito	89
3.6.2	Diferenças em relação ao infiltrado	92

CAPÍTULO 4
PROCEDIMENTO E APROVEITAMENTO DAS PROVAS OBTIDAS COM A INFILTRAÇÃO POLICIAL 99

4.1	Pressupostos para autorização da infiltração	99
4.1.1	Introdução	99
4.1.2	Procedimento de autorização	100
4.1.3	Forma e conteúdo da autorização	108
4.1.4	Descoberta fortuita de provas de infrações penais	118
4.2	O agente infiltrado e as ações desenvolvidas na obtenção de provas	120
4.2.1	A infiltração e a afetação do direito à privacidade	120
4.2.2	A infiltração e a prática de infrações penais	132
4.3	Transporte das experiências do agente infiltrado para o processo penal	136
4.3.1	O relatório da infiltração	136
4.3.2	O testemunho do agente infiltrado	140

CONCLUSÃO 149

REFERÊNCIAS 157

PREFÁCIO

O autor, aluno e amigo Renan Barboza de Faria gentilmente honrou-me com o convite para prefaciar sua obra *A infiltração policial no processo penal: estudo comparado teórico e prático*, resultado de seus anos de estudo no curso de Mestrado da Faculdade de Direito da Universidade de São Paulo (USP).

Ao prefaciador incumbe apresentar o autor e seu livro, razão pela qual principio por destacar a dedicação de Renan ao curso de pós-graduação *stricto sensu*. Sempre solícito para as atividades acadêmicas e atento às oportunidades propícias ao respectivo aprimoramento jurídico, Renan revelou grande aptidão para a compreensão das problemáticas jurídicas e capacidade para superá-las com a simplicidade própria dos grandes pensadores. Em busca de desafios, Renan dedicou sua dissertação de final de curso (com a qual obteve o título de Mestre em Direito Processual pela Academia do Largo de São Francisco), e que ora foi consolidada neste livro, ao estudo do agente infiltrado, tema de complexo enfrentamento e de raras incursões na literatura jurídica nacional. Aliás, os poucos livros e trabalhos existentes sobre esse meio extraordinário de obtenção da prova penal tornam ainda mais valiosas as análises e as lições que se seguem nas páginas desta obra, que representa uma importante contribuição à literatura jurídica nacional e espelha os esforços do autor Renan Barboza de Faria na pesquisa elaborada sobre a origem do instituto da infiltração de agentes, bem como na sistematização de um conceito que não se distanciasse da compreensão a ele dada no direito estrangeiro. Isso tudo permitiu ao autor destacar as peculiaridades que distinguem a infiltração policial de outros meios de obtenção de prova que com ela guardam certa similitude, como a figura do informante, a do colaborador, a dos agentes de inteligência, a do *undercover agent* e a do agente provocador.

Após traçar as linhas para a exata compreensão do instituto jurídico do agente infiltrado, o autor desta obra de agradável leitura valeu-se de sua dedicação ao aprendizado jurídico, de vivência prática, em especial no Tribunal de Justiça bandeirante, e de sua formação humana para analisar os procedimentos necessários à obtenção e produção da prova alcançada por esse instrumento legal. Nesse capítulo o livro dedica especial atenção à depuração dos requisitos que permitem a validação das informações obtidas. O mérito dos escritos deste livro residem, ainda, no científico enfrentamento dos obstáculos comumente apresentados a essa peculiar tarefa de polícia judiciária, ponderando-os à luz da eficiência e do garantismo que se espera do processo penal.

Está presente em toda a obra uma preocupação para com a busca do importante equilíbrio entre a utilidade da prova obtida com a infiltração policial, assim como das descobertas tendentes a evitar a atuação de organizações criminosas, e a necessidade de resguardar direitos do investigado e das pessoas a ele relacionadas, que sofrem diretamente os efeitos do engodo Estatal (caracterizado pela atuação de agente possuidor de identidade e escopos falsos).

Incursões sobre o preparo dos agentes infiltrados, sobre os limites das excludentes de culpabilidade e de antijuridicidade pelos atos e omissões decorrentes da infiltração e sobre as formas de transmissão dos dados obtidos por esse meio especial de obtenção de prova para o processo penal também foram feitas, de forma a traçar um ótimo panorama do instituto no ordenamento jurídico.

Em síntese, o livro apresenta com profundidade a infiltração policial como método de obtenção da prova penal aos operadores do direito, auxiliando-os na compreensão do tema e esclarecendo dúvidas sobre ele incidentes. Trata-se de obra atual, com prospectiva de grande utilidade pela comunidade jurídica, pela riqueza de pensamentos e do aprofundamento teórico.

José Raul Gavião de Almeida
Professor de Direito Processual Penal da
Faculdade de Direito da USP e Desembargador
do Tribunal de Justiça de São Paulo.

INTRODUÇÃO

A globalização proporcionou a redefinição de fronteiras geográficas e o desenvolvimento de diversos setores da sociedade. Diante dessas mudanças, observamos também alterações na criminalidade, que se tornou altamente sofisticada e organizada, muitas vezes revestida de aparente legalidade.

Nesse contexto, desnecessariamente inflado pelo discurso de aumento progressivo da criminalidade, apresentado pelos meios de comunicação e membros da sociedade,[1] desenvolveram-se movimentos destinados ao endurecimento das leis penais e processuais penais, muitas vezes indiferentes à proteção de direitos e garantias individuais.

Observa-se, então, a construção de uma tensão entre dois polos, a eficiência na resposta à criminalidade organizada e a proteção do cidadão. Desde já alertamos para a necessidade de se buscar o equilíbrio entre esses dois objetivos, de sorte que esse posicionamento permeará todo o presente trabalho.

No Brasil esses movimentos culminaram no tratamento apressado e emergencial da matéria, sobretudo no tocante à apuração de infrações praticadas por organizações criminosas. Assim, buscando reparar os equívocos das leis que a antecederam, a Lei nº 12.850/13 regulou expressamente todos os meios de obtenção de provas que podem ser utilizados na investigação de organizações criminosas, entre eles a infiltração policial, disciplinada nos artigos 10 a 14.

A contribuição deste trabalho reside, portanto, na análise crítica do regime jurídico da infiltração policial, que engloba as disposições da matéria na Lei nº 12.850/13, bem como nas legislações que a complementaram posteriormente e estabeleceram a figura da infiltração virtual – Leis nº 13.441/17 e nº 13.964/19 –, estudando de forma sistemática e clara, sempre à luz dos valores da eficiência e do garantismo, os limites da atuação do agente policial infiltrado e seus reflexos no processo penal.

---

[1] BECK, Francis Rafael. *Perspectivas de controle ao crime organizado e crítica à flexibilização das garantias*. São Paulo: IBCCRIM – Instituto Brasileiro de Ciências Criminais, 2004. v. 32, p. 93-94.

Inicialmente, optamos por tratar do equilíbrio entre eficiência e garantismo no processo penal, com a delimitação dos significados desses dois elementos. Em seguida, a abordagem perpassa por breve incursão no tema da prova e das formas de apuração de infrações penais, analisando a classificação jurídica exposta na Lei nº 12.850/13, considerada legislação de base para a compreensão e aplicação do regime jurídico da infiltração policial.

Posteriormente, estudaremos as origens da infiltração policial e, com amparo na legislação e doutrina de outros países (Alemanha, Espanha, Portugal, Itália e Argentina), analisaremos o conceito utilizado pelo ordenamento brasileiro e suas principais características.

Em seguida, com fundamento nas características da infiltração policial abordadas anteriormente, estabeleceremos as diferenças entre a figura do agente infiltrado e outras a ele semelhantes: o informante, o colaborador, o agente de inteligência, o *undercover agent* e o agente provocador.

Após, serão objeto de análise as ações do agente durante a infiltração, com ênfase no procedimento de autorização da medida e o relacionamento com direitos fundamentais. Serão abordadas as restrições ao direito à privacidade, analisadas sob o prisma de duas situações: a entrada do policial em domicílios e a realização de conversas de cunho incriminador. Será abordada também a questão das infrações penais praticadas pelo agente infiltrado no curso da investigação e a obtenção da prova, bem como o tratamento da responsabilidade penal do agente.

Ao final, trataremos das formas pelas quais as experiências do agente infiltrado entram no processo penal e como poderão ser valoradas pelo juiz. Abordaremos, então, a utilização do relatório da infiltração e das declarações do agente em juízo.

O escopo da pesquisa é, além de inserir o tema da infiltração policial no âmbito da dicotomia entre eficiência e garantismo, estabelecer as principais questões com base em experiências estrangeiras e aplicá-las à realidade brasileira, analisando a legislação sobre o tema e sua capacidade para solucioná-las.

CAPÍTULO 1

FORMAS DE APURAÇÃO DO CRIME ORGANIZADO

1.1 Introdução

A globalização proporcionou uma "pulverização"[2] e nova distribuição do poder, bem como uma redefinição das fronteiras geopolíticas[3] e, com isso, observou-se uma mudança no comportamento da sociedade, que por muitos é denominada sociedade de risco, em função da falta de compreensão do fenômeno evolutivo e do receio de desaparecimento das garantias de segurança oferecidas pelo Estado.

Nesta sociedade, na qual todos estão sujeitos a sofrer consequências negativas que podem advir de qualquer segmento, desde aqueles mais óbvios, como o investimento em energia nuclear ou até a alteração de um componente de um produto de consumo, há um sentimento de insegurança em seus cidadãos.

Aproveitando essas mudanças, criminosos vêm se sofisticando em alta velocidade e deixando de se dedicar a atividades praticadas localmente na clandestinidade e de forma desorganizada para ocuparem papéis de maior impacto, com grande estruturação e planejamento, chegando, muitas vezes, a condicionar relações internacionais e internas sem que sejam levantadas quaisquer suspeitas.[4]

---

[2] RODRIGUES, Benjamim Silva. *A monitorização dos fluxos informacionais e comunicacionais – volume I*: contributo para a superação do 'Paradigma da ponderação constitucional e legalmente codificado' em matéria de escutas telefónicas. Coimbra: Coimbra Ed., 2009. p. 17.
[3] *Ibidem*, p. 18.
[4] *Ibidem*, p. 22.

Diante dessa evolução do crime, que hoje impõe algumas das "mais formidáveis ameaças aos mais elementares direitos da pessoa humana",[5] culminando na desestabilização dos Estados, é exigida uma resposta, de modo que seja eliminada ou, ao menos, amenizada a insegurança e os altos riscos aos quais estamos sujeitos.

Nesse contexto, muito se discute acerca da melhor maneira de frear o avanço do crime organizado. E, na busca deste objetivo, um dos conflitos a serem resolvidos (e talvez o maior deles) é o de como alcançar equilíbrio entre a eficiência e o garantismo em sua apuração.

Essa é uma preocupação frequente e essencial no tratamento deste fenômeno social, político e cultural,[6] conforme alerta Mário Chiavario:[7]

> Tenhamos em conta, em suma, que o crime organizado pode rejuvenescer-se seja pela fraqueza seja por uma potência excessiva e não sã do Estado. E, reciprocamente, os direitos da pessoa podem sofrer seja por causa dos limites demasiadamente brandos, seja pelos limites demasiadamente estreitos dos poderes estatais.

No tocante ao processo penal[8] – área em que está localizado o nosso tema – a eficiência e o garantismo representam duas exigências que devem ser satisfeitas para se garantir um processo justo,[9] ou seja, a luta contra o crime organizado será legítima e válida desde que os mecanismos elencados pelo Estado conciliem garantias do cidadão com eficiência da persecução penal.

Portanto, é importante estabelecer o conceito de eficiência e sua relação com o processo penal, sobretudo no âmbito dos meios de combate da criminalidade organizada, bem como o que se entende por

---

[5] CHIAVARIO, Mario. Direitos humanos, processo penal e criminalidade organizada. *Revista Brasileira de Ciências Criminais*, São Paulo, v. 2, n. 5, p. 25-36, jan./mar. 1994. p. 27.

[6] DIAS, Jorge de Figueiredo. A criminalidade organizada: do fenômeno ao conceito jurídico-penal. *Revista Brasileira de Ciências Criminais*, São Paulo, v. 16, n. 71, p. 11-30, mar./abr. 2008. p. 14.

[7] CHIAVARIO, Mario. Direitos humanos, processo penal e criminalidade organizada. *Revista Brasileira de Ciências Criminais*, São Paulo, v. 2, n. 5, p. 25-36, jan./mar. 1994. p. 28.

[8] Importante destacar que, em sede de combate ao crime organizado, a falta de equilíbrio entre eficiência e garantismo tem acarretado diversas violações a direitos fundamentais, seja pela opção por uma proteção irrestrita das garantias seja por uma opção utilitarista, na qual apenas resultados importam.

[9] Segundo Paolo Tonini, "[...] o 'justo processo' refere-se a um conceito ideal de justiça que preexiste em relação à lei e que está intimamente relacionado aos direitos invioláveis de todas as pessoas envolvidas no processo" (TONINI, Paolo. *A prova no processo penal italiano*. São Paulo: Revista dos Tribunais, 2002. p. 22).

garantismo e por uma aplicação equilibrada de ambos especialmente em relação à matéria da prova.

1.2 Eficiência e garantismo na apuração do crime organizado

1.2.1 Eficiência, eficácia e efetividade

Diante da polissemia e variedade de aplicações do vocábulo eficiência, um interessante ponto de partida para a obtenção de seu conceito é a distinção entre as expressões semelhantes, mas não sinônimas,[10] de eficácia e efetividade.

Tais vocábulos não são próprios da área do direito e muitas vezes são utilizados como expressões idênticas. Na teoria geral do direito, por exemplo, efetividade e eficiência estão compreendidas no conceito de eficácia,[11] assim como para o direito constitucional, no qual o termo eficácia é tomado em dois sentidos, a eficácia social e a eficácia jurídica.

Segundo José Afonso da Silva,[12] a "*eficácia social* designa uma efetiva conduta acorde com a prevista pela norma; refere-se ao fato de que a norma é realmente obedecida e aplicada", "[...] é o que tecnicamente se chama *efetividade* da norma". Já a eficácia jurídica é a "capacidade de atingir objetivos previamente fixados como metas".

Para o direito administrativo, ao contrário dos conceitos anteriormente mencionados, o conceito de eficiência foi alçado à categoria de princípio constitucional da Administração Pública (art. 37, *caput*) e reúne a noção de eficácia, conforme ensina Maria Sylvia Zanella Di Pietro:[13]

> O princípio da eficiência apresenta, na realidade, dois aspectos: pode ser considerado em relação ao **"modo de atuação do agente público"**, do qual se espera o melhor desempenho possível de suas atribuições, para lograr os melhores resultados; e em relação ao **"modo de organizar, estruturar, disciplinar a Administração Pública"**, também com o mesmo objetivo de alcançar os melhores resultados na prestação do serviço público.

---

[10] BECHARA, Fábio Ramazzini. *Cooperação jurídica internacional em matéria penal*: eficácia da prova produzida no exterior. São Paulo: Saraiva, 2011. p. 30.
[11] BOBBIO, Norberto. *Teoria da norma jurídica*. 5. ed. São Paulo: Edipro, 2014. p. 49-50.
[12] SILVA, José Afonso da. *Aplicabilidade das normas constitucionais*. 7. ed. São Paulo: Malheiros, 2009. p. 66.
[13] DI PIETRO, Maria Sylvia Zanella. *Direito Administrativo*. 23. ed. São Paulo: Atlas, 2010. p. 83. Grifos originais.

Nas ciências econômicas e na administração, por outro lado, a diferenciação entre estas expressões alcançou enorme relevância,[14] sendo utilizado um critério baseado no resultado da atividade. Nestes campos do conhecimento, eficiência é a capacidade de atingir um determinado efeito[15] – observe-se que este conceito está mais ligado à aptidão ou virtude de se produzir o resultado do que à produção em si –; eficácia é a correlação entre o resultado concretamente atingido e o objetivo pretendido, já a efetividade consiste na preocupação com "o desempenho enquanto fator da relação entre resultados e objetivos".[16]

Dessa forma, para o presente trabalho, mostram-se mais úteis os conceitos firmados na área das ciências econômicas e da administração, já que um dos objetivos é analisar a aptidão da infiltração de agentes como meio de obtenção de prova de crimes praticados por organizações criminosas.

1.2.2 Eficiência e processo penal

Conceituada eficiência, outro ponto importante a ser considerado é a distinção entre eficiência do processo penal e eficiência no processo penal. A relevância desta diferenciação está em delimitar em qual destes dois âmbitos está localizada a infiltração de agentes.

A eficiência do processo penal está ligada à noção de processo, que é formado por dois elementos, relação jurídica e procedimento.[17]

O primeiro elemento deve mensurar a qualidade da atuação dos sujeitos processuais no exercício de suas atribuições dentro do processo, ou seja, a eficiência na atuação do juiz, promotor, querelante, acusado e seu defensor. Já o segundo diz respeito à eficiência dos atos que compõem um determinado procedimento e está intimamente relacionado à ordem em que são realizados.

---

[14] FERNANDES, Antonio Scarance. Reflexões sobre as noções de eficiência e de garantismo no processo penal. *In*: ALMEIDA, José Raul Gavião de; FERNANDES, Antonio Scarance (Coord.). *Sigilo no processo penal*: eficiência e garantismo. São Paulo: Revista dos Tribunais, 2008. p. 19.

[15] PAREJO ALFONSO, Luciano. Eficacia y administración: tres estudios. *In*: *Boletín Oficial del Estado*. Madrid: Ministerio para las Administraciones publicas, 1995. p. 92.

[16] FONSECA, Antonio. O princípio da eficiência: impacto no direito público e improbidade. *Notícia do Direito Brasileiro*, Brasília, n. 10, p. 89-113, 2004. p. 94.

[17] FERNANDES, Antonio Scarance. Reflexões sobre as noções de eficiência e de garantismo no processo penal. *In*: ALMEIDA, José Raul Gavião de; FERNANDES, Antonio Scarance (Coord.). *Sigilo no processo penal*: eficiência e garantismo. São Paulo: Revista dos Tribunais, 2008. p. 24.

Esses dois elementos devem ser analisados segundo uma finalidade dada ao processo penal. Sobre este assunto, socorremo-nos da explicação de Antonio Scarance Fernandes,[18] que distingue três correntes fundamentais acerca da finalidade do processo penal.

A primeira confere ao processo penal a função de assegurar a defesa do acusado, de modo que a eficiência está na capacidade de impedir condenações injustas, nas quais não foi possível o exercício da defesa.

A segunda corrente ocupa o polo oposto e apresenta uma finalidade ligada à visão do processo penal como instrumento de persecução e punição de criminosos. Portanto, para esta finalidade, o processo penal eficiente é aquele que permite a melhor apuração de fatos criminosos e condenações de seus autores.

Finalmente, a terceira corrente estabelece que o fim buscado é a obtenção de um resultado justo, legitimado pelo procedimento adequado. Interessante observar que, ao contrário das posições anteriores, esta prega um equilíbrio entre a defesa do acusado e a apuração de crimes e punição de seus agentes, sem dar qualquer preferência a um ou outro. Nessa ótica, eficiente é o processo que seja justo e "assegure às partes o exercício de seus direitos e as proteja com as garantias constitucionais".[19]

Além da noção de processo a que acima aludimos, a eficiência no processo penal demanda também uma análise interna, ou seja, o objeto a ser estudado é o ato processual e os meios de investigação ou produção de prova e sua importância no funcionamento de todo o procedimento.

Para exemplificar, novamente nos voltamos aos ensinamentos de Antonio Scarance Fernandes:[20]

> Como visto, a eficiência é, em síntese, a capacidade de algo de produzir um determinado efeito. No processo penal, a eficiência é a capacidade de um ato, de um meio de prova, de um meio de investigação, de gerar o efeito que dele se espera. Assim, a eficiência do ato citação é vista quanto a sua capacidade de ocasionar o efeito consistente na ciência, ao acusado, da acusação que lhe foi imputada. Por outro lado, a eficiência de um meio de investigação que tem como finalidade buscar uma fonte de prova será medida em razão de sua capacidade de propiciar a descoberta da fonte.

---

[18] Ibidem.
[19] FERNANDES, Antonio Scarance. Reflexões sobre as noções de eficiência e de garantismo no processo penal. In: ALMEIDA, José Raul Gavião de; FERNANDES, Antonio Scarance (Coord.). Sigilo no processo penal: eficiência e garantismo. São Paulo: Revista dos Tribunais, 2008. p. 25.
[20] Ibidem.

Como a eficiência no processo penal foca no ato em si, é correto afirmar que a finalidade deste ato, "embora cumpra sempre um fim imediato, mediatamente estará associada à finalidade do processo".[21] Para os meios de obtenção de prova o fim imediato é a descoberta da fonte de prova, porém o fim mediato estará sempre ligado à finalidade do sistema processual em que o ato será realizado.

Isso considerado, a análise que faremos neste trabalho será delimitada ao meio de investigação da infiltração de agentes e sua eficiência na descoberta de provas sobre crimes praticados por organizações criminosas.

1.2.3 Garantismo

Garantismo é, segundo Salo de Carvalho,[22] uma teoria que propõe a introdução de critérios de racionalidade à atuação estatal em matéria penal, deslegitimando ações que visem apenas à defesa social em detrimento de direitos individuais.

Seu grande expoente é Luigi Ferrajoli, que na obra *Direito e Razão* mostra as bases para a construção de um modelo de ordenamento jurídico denominado garantista, cognitivo ou de legalidade estrita.[23] Para tanto, o autor estabelece dez axiomas que devem ser observados como "regras do jogo fundamental do direito penal"[24] e os numera de A1 a A10.[25]

Esses axiomas são, por sua vez, expressos nos seguintes princípios: a) princípio da retributividade; b) princípio da legalidade, no sentido lato ou estrito; c) princípio da necessidade ou economia do direito penal; d) princípio da lesividade ou ofensividade do evento; e) princípio da materialidade ou exterioridade da ação; f) princípio da culpabilidade; g) princípio da jurisdicionalidade; h) princípio

---

[21] BECHARA, Fábio Ramazzini. *Cooperação jurídica internacional em matéria penal*: eficácia da prova produzida no exterior. São Paulo: Saraiva, 2011. p. 34.

[22] CARVALHO, Salo de. *Pena e garantias*: uma leitura do garantismo de Luigi Ferrajoli no Brasil. Rio de Janeiro: Lumen Juris, 2001. p. 89-91.

[23] FERRAJOLI, Luigi. *Direito e razão*: Teoria do Garantismo Penal. 4. ed. São Paulo: Revista dos Tribunais, 2014. p. 91.

[24] *Ibidem*.

[25] A1: *nulla poena sine crimine*; A2: *nullum crimen sine lege*; A3: *nulla lex (poenalis) sine necessitate*; A4: *nulla necessitas sine injuria*; A5: *nulla injuria sine actione*; A6: *nulla actio sine culpa*; A7: *nulla culpa sine judicio*; A8: *nullum judicium sine accusatione*; A9: *nulla accusatio sine probatione*; A10: *nulla probatio sine defensione* (*ibidem*).

acusatório; i) princípio do ônus da prova ou da verificação; e j) princípio do contraditório.[26]

Com fundamento nestes princípios, Ferrajoli[27] estabelece que da expressão "garantismo" podem ser extraídos três significados distintos, mas conexos entre si. O primeiro deles é o do garantismo como modelo normativo de direito, no qual é abordada uma face de estrita legalidade, que sob os planos epistemológico, político e jurídico traduz-se em uma ferramenta para minimização da violência e maximização das liberdades, bem como impõe vínculos à função de punir em garantia dos direitos dos cidadãos.

O segundo significado é enunciado como teoria do direito e crítica do direito, na medida em que designa uma teoria jurídica da validade e da efetividade das normas, ou seja, o garantismo evidencia as antinomias entre o modelo perfeito (dever ser) e o direito efetivo (ser) e, com isso, revela os graus de legitimação interna do direito penal.

Em um terceiro significado, garantismo designa uma filosofia do direito e filosofia política que "pressupõe a doutrina laica da separação entre direito e moral, entre validade e justiça, entre ponto de vista interno e ponto de vista externo na valoração do ordenamento".[28]

Considerados estes significados, o que apresenta maior relação com a pesquisa aqui desenvolvida é o primeiro, pois qualifica o modelo garantista como fator de legitimação da atuação estatal, que deve ser racional do ponto de vista cognitivo ou de apreensão da realidade e justo no trato das liberdades individuais.

1.2.4 Equilíbrio entre eficiência e garantismo

O processo penal é marcado por movimentos pendulares,[29] ora apresenta a finalidade de proteção de direitos individuais, ora opta pela

---

[26] Para demonstrar a importância destes axiomas, Ferrajoli explica que podem surgir diversos sistemas diferentes por meio da manipulação destes mesmos princípios, desde o modelo garantista até modelos de direito autoritários. O autor entrevê quatro possibilidades de modelos: I) modelo garantista ou SG, caracterizado pela presença dos dez princípios; II) modelos de processo penal autoritário – sistemas sem prova e sem defesa e sem acusação separada; III) modelos de direito penal autoritário – sistemas sem culpabilidade (objetivista), sem ação e sem ofensa (subjetivistas), sem necessidade ou vexatório; IV) sistemas punitivos irracionais – modelos sem delito, sem juízo e sem lei (*ibidem*, p. 96-99).
[27] *Ibidem*, p. 785-787.
[28] FERRAJOLI, Luigi. *Direito e razão*: Teoria do Garantismo Penal. 4. ed. São Paulo: Revista dos Tribunais, 2014. p. 787.
[29] FERNANDES, Antonio Scarance. *Processo Penal Constitucional*. 7. ed. São Paulo: Revista dos Tribunais, 2012. p. 23.

segurança social a qualquer custo. Daí falarmos em um confronto entre eficiência e garantismo como representação desta dicotomia.

Esse conflito pode ser notado especialmente com a expansão da criminalidade organizada, cada vez mais complexa e sofisticada, forçando os Estados a enfrentar uma ameaça muitas vezes desconhecida, tendo em vista o escasso conhecimento sobre sua estrutura e *modus operandi*.[30] Esse cenário facilita a criação de novos instrumentos para a apuração de crimes, que refletem uma tendência de busca pela eficiência como discurso de defesa da ordem social, ao mesmo tempo que propõe o choque com garantias previstas para a proteção dos cidadãos.[31]

Embora possa parecer que a eficiência e o garantismo devam trabalhar em sentidos opostos, na verdade, estes valores não se opõem, mas, ao contrário, devem coexistir em harmonia, pois não é possível obter um processo eficiente sem a mínima proteção de direitos.

Observe-se que a Constituição da República Federativa do Brasil consagra esse equilíbrio, pois já em seu artigo 5º prevê diversos direitos e garantias que visam a proteger a liberdade individual – como a possibilidade de liberdade provisória com ou sem fiança (inciso LXVI), o direito ao silêncio (inciso LXIII), entre outros – ao mesmo tempo que impõe ao legislador a mitigação das mesmas garantias em certas hipóteses, como ocorre no mandado de criminalização expresso no inciso XLIII, que versa sobre crimes normalmente relacionados com a criminalidade organizada.[32]

A investigação do crime organizado deve, de fato, ser eficiente, porém somente será legitimada – e neste ponto percebe-se a influência garantista no conflito – se, além de apresentar mecanismos aptos a investigar e reprimir esta prática apresente também mecanismos que não aniquilem as garantias individuais do indivíduo investigado.[33] A grande dificuldade, contudo, está em encontrar um ponto que represente este equilíbrio entre eficiência e garantismo.

---

[30] PEREIRA, Flávio Cardoso. *El agente infiltrado desde el punto de vista del garantismo procesal penal*. Curitiba: Juruá, 2013. p. 305-307.

[31] FERNANDES, Antonio Scarance. O equilíbrio entre a eficiência e o garantismo e o crime organizado. *Revista Brasileira de Ciências Criminais*, São Paulo, v. 16, n. 70, p. 229-268, jan./fev. 2008. p. 235.

[32] FERNANDES, Antonio Scarance. O equilíbrio entre a eficiência e o garantismo e o crime organizado. *Revista Brasileira de Ciências Criminais*, São Paulo, v. 16, n. 70, p. 229-268, jan./fev. 2008. p. 236.

[33] *Ibidem*, p. 240.

Neste contexto, o postulado[34] da proporcionalidade tem grande papel e é normalmente invocado como justificativa para a adoção de restrições a direitos fundamentais em relação ao crime organizado.[35] Seu uso está atrelado a uma relação de causalidade, entre um meio e um fim, de modo que sua aplicabilidade exige a realização de três exames fundamentais: adequação, necessidade e o da proporcionalidade em sentido estrito.[36]

O primeiro trata de responder se o meio escolhido é suficiente para promover o fim eleito. Nesse sentido, a análise recai sobre a intensidade, qualidade e certeza do meio, ou seja, trata-se de uma análise que é ao mesmo tempo quantitativa, qualitativa e probabilística.[37]

Antonio Scarance Fernandes,[38] demonstrando a incidência da adequação no âmbito da criminalidade organizada explica que:

> A restrição ao indivíduo em face da necessidade de repressão à criminalidade organizada será adequada se for apta e relevante para demonstrar a prática do crime investigado ou imputado a alguém, se a duração não for excessiva e se atingir um indivíduo sobre o qual incidam as circunstâncias que conduzam à obtenção ou produção da prova.

Já o exame da necessidade envolve a verificação da existência de meios alternativos ao escolhido inicialmente e que possam chegar ao mesmo fim sem restringir, na mesma intensidade ou maior, os direitos fundamentais afetados. Para esse exame são propostas duas etapas de investigação, a da igualdade da adequação dos meios – para descobrir se ambos os meios colocados em confronto promovem o mesmo fim – e a do meio menos restritivo – no qual é analisado qual restringe em menor medida os direitos fundamentais atingidos no processo de aplicação.[39]

---

[34] Segundo Humberto Ávila, os postulados, metanormas ou normas de segundo grau, funcionam como estrutura de aplicação de outras normas. Mas, ao contrário dos sobreprincípios (como o devido processo legal), que estão situados no próprio nível das regras e princípios que são objeto de aplicação e funcionam como fundamento formal e material dos mesmos, a violação de um postulado consiste na não interpretação conforme sua estruturação (ÁVILA, Humberto. *Teoria dos Princípios*. 4. ed. São Paulo: Malheiros, 2004. p. 88-89).
[35] FERNANDES, Antonio Scarance. *O Equilíbrio...*, op. cit., p. 237.
[36] ÁVILA, Humberto. *Op. cit.*, p. 112-113.
[37] *Ibidem*, p. 116.
[38] FERNANDES, Antonio Scarance. *O Equilíbrio...*, op. cit., p. 238.
[39] ÁVILA, Humberto. *Teoria dos Princípios*. 4. ed. São Paulo: Malheiros, 2004. p. 122.

O exame da necessidade aplicado à investigação do crime organizado pode ser ilustrado pela indicação doutrinária[40] de que os meios de obtenção de prova devem respeitar uma gradação baseada na intensidade de violação aos direitos fundamentais. Desse modo, é sempre preferível, desde que atendida a finalidade da investigação, a opção da investigação pelo meio menos gravoso ao investigado.

A proporcionalidade em sentido estrito, por sua vez, é a comparação entre a importância da realização do fim e o nível de restrição aos direitos fundamentais empregados para tanto. Este exame apresenta grande complexidade, pois depende de uma avaliação subjetiva do aplicador.[41]

A conjugação do postulado no caso concreto – com a realização dos exames tratados – é uma das únicas formas de se compatibilizar eficiência e garantismo no processo penal,[42] ainda mais nos casos relacionados com a criminalidade organizada.

Essa finalidade (de obtenção do processo justo) deve permear todo o sistema processual e, principalmente, a matéria da prova penal, já que é neste ponto que residem os principais mecanismos para descoberta e combate do crime organizado.

---

[40] No âmbito da Lei nº 12.850/2013, cf. CUNHA, Rogério Sanches; PINTO, Ronaldo Batista. *Crime Organizado*: comentários à nova lei sobre o crime organizado – Lei nº 12.850/2013. Salvador: Juspodvim, 2014; BITENCOURT, Cezar Roberto; BUSATO, Paulo César. *Comentários à Lei de Organização Criminosa* – Lei n. 12.850/2013. São Paulo: Saraiva, 2014; CABETTE, Eduardo Luiz Santos; NAHUR, Marcius Tadeu Maciel. *Criminalidade organizada e globalização desorganizada*. Rio de Janeiro: Freitas Bastos, 2014.
Já no âmbito das leis anteriores sobre crime organizado e legislação estrangeira, cf. PACHECO, Rafael. *Crime organizado*: medidas de controle e infiltração policial. Curitiba: Juruá, 2007; ONETO, Isabel. *O agente infiltrado*: contributo para a compreensão do regime jurídico das acções encobertas. Porto: Coimbra, 2005; EDWARDS, Carlos Henrique. *El arrepentido, el agente encubierto y la entrega vigilada*: Modificación a la Ley de Estupefacientes. Análisis de la ley 34.424. Buenos Aires: Ad-Hoc, 1996; GONZÁLEZ-CASTELL, Adán Carrizo. La lucha contra la criminalidad organizada como reto de la justicia penal ante una sociedad globalizada: análisis comparado de la infiltración policial en las regulaciones española y portuguesa. *In*: NEIRA PENA, Ana María (Coord.). *Los retos del poder judicial ante la sociedad globalizada*: Actas del IV Congreso Gallego de Derecho Procesal (internacional). La Coruña, 2 y 3 de junio de 2011, 2012. p. 337-354.

[41] ÁVILA, Humberto. *op. cit.*, p. 124-125.

[42] Ressaltando a importância desse equilíbrio, George P. Fletcher estabelece que processo justo ou *fair trial* deve ser entendido como o julgamento equilibrado, imparcial e com uma paridade de armas entre as partes (FLETCHER, George P. Fairness and Utility in tort Theory. *Harvard Law Review*. January 1972. p. 1.244). Portanto, segundo esse autor, o processo justo é melhor representado pela busca do equilíbrio do que pela busca da justiça.

1.3 Prova e crime organizado

1.3.1 Terminologia da prova

O tema da prova "é dos mais importantes na ciência do processo",[43] ainda mais se considerarmos que ela é pressuposto fundamental para a prolação de uma decisão justa.[44] Sua análise é demasiadamente ampla e envolve o complexo estudo de outras áreas conexas ao direito, como a psicologia, a semiótica e a filosofia.[45]

Antonio Magalhães Gomes Filho, tratando deste estudo, destaca a complexidade inerente ao tema, onde a prova relaciona-se à filosofia e à teoria científica na busca de conhecimentos, ao mesmo tempo que constitui um fenômeno cultural intimamente ligado às características de uma sociedade.[46]

Além disso, constata que:[47]

> [...] grande parte das dificuldades encontradas pelos juristas no tratamento da matéria está no emprego, nem sempre adequado, de certas expressões próprias da linguagem comum, da terminologia filosófica e científica, ou mesmo elaborada em outras culturas jurídicas, que nem sempre servem para esclarecer a natureza dos fenômenos ligados à prova judiciária, mas, ao contrário, muito contribuem para incertezas, equívocos e contradições.

Como, então, a palavra "prova" designa inúmeros significados, que variam de acordo com o contexto em que são empregados,

---

[43] GOMES FILHO, Antonio Magalhães. Notas sobre a terminologia da prova: reflexos no processo penal brasileiro. *In*: YARSHELL, Flávio Luiz. *Estudos em homenagem à Professora Ada Pellegrini Grinover*. São Paulo: DPJ, 2005. p. 303.
[44] *Ibidem*, p. 303.
[45] Representante desta interdisciplinaridade é a relação entre prova e verdade. Resumidamente, muito se discute entre essa relação e sua aplicação no processo, sobretudo se há mesmo uma verdade real e se essa seria o objetivo do processo penal. O que se pode afirmar é que não existem várias verdades, como a formal e material, e que esta não é o fim de toda a atividade judicial, mas simplesmente um meio de se aplicar corretamente a lei. Desse modo, a verdade (*tout court*) não é plenamente atingível no processo, já que esse é composto por regras sobre produção e valoração da prova, que reduzem a verdade judicial a uma tentativa de aproximação deste valor. Sobre o assunto, cf. TARUFFO, Michele. *La prueba de los hechos*. 4. ed. Madrid: Trotta, 2011; BADARÓ, Gustavo Henrique Righi Ivahy. *Ônus da prova no processo penal*. São Paulo: Revista dos Tribunais, 2003; FERRER BELTRÁN, Jordi. *Prueba y verdad en el proceso*. 2. ed. Madrid: Marcial Pons, 2005.
[46] GOMES FILHO, Antonio Magalhães, Notas... *op. cit.*, p. 303-304.
[47] *Ibidem*, p. 304.

podemos dizer que se trata de um termo polissêmico[48] e que necessita de esclarecimentos para evitar as confusões mencionadas.

Com esse objetivo, a doutrina[49] estabelece algumas acepções gerais e úteis do termo prova, tais como: a) prova como demonstração; b) prova como experimento; e c) prova como desafio.

A palavra prova tem o significado de demonstração quando se presta para oferecer elementos acerca da veracidade de uma afirmação relativa a algum fato.[50] No processo, esse significado não designa que determinado fato é verdadeiro, mas que o enunciado sobre o fato está fundamentado.[51]

Por outro lado, quando é utilizado como procedimento ou instrumento de verificação de uma hipótese ou afirmação, o termo prova é entendido como experimento. Trata-se de um método de teste e erro aplicado às hipóteses sobre fatos que compõem o processo.[52]

Na última acepção, prova é desafio na medida em que representa um obstáculo a ser superado pelas partes, como ocorre com o ônus da prova.[53]

Essas definições de prova demonstram a variedade de significados que podem ser conferidos à expressão e, ainda, a importância da prova para a dinâmica do processo, já que deve ser utilizada pelo juiz na eleição da hipótese fática que mais se aproxima de uma possível verdade.

1.3.2 Elemento de prova, fonte de prova, meio de prova e meio de obtenção de prova

A referida natureza polissêmica do termo "prova" mostra a dificuldade de sua delimitação na ciência do processo, bem como que a classificação geral tratada anteriormente não é suficiente para retratá-la nas diversas fases do procedimento. Com esse problema em mente, a doutrina propõe outras classificações, que buscam identificar os componentes essenciais da atividade probatória.

---

[48] GASCÓN ABELÁN, Marina. *Los hechos en el derecho* – bases argumentales de la prueba. Madrid: Marcial Pons, 1999. p. 83.
[49] GOMES FILHO, Antonio Magalhães. Notas sobre a terminologia da prova: reflexos no processo penal brasileiro. *In:* YARSHELL, Flávio Luiz. *Estudos em homenagem à Professora Ada Pellegrini Grinover*. São Paulo: DPJ, 2005. p. 304. Apesar de estabelecer acepções diversas, cf. TARUFFO, Michele. *La prueba de los hechos*. 4. ed. Madrid: Trotta, 2011. p. 441-451.
[50] TARUFFO, Michele. *Op. cit.*, p. 441.
[51] *Ibidem*.
[52] *Ibidem*, p. 442.
[53] GOMES FILHO, Antonio Magalhães. Notas... *op. cit.*, p. 306.

A expressão prova pode ser empregada como elemento de prova, sinônimo de cada dado objetivo capaz de negar ou confirmar uma assertiva sobre um fato.[54] Além disso, pode apresentar o significado de resultado probatório, que é a conclusão extraída da análise dos elementos de prova existentes a respeito de um determinado fato.[55] Esta conclusão (resultado de prova) não é a simples somatória das informações conferidas pelos elementos de prova, mas sim um exercício intelectual do juiz a respeito da afirmação ou negação do fato, que deve vir amparado pelos dados objetivos integrados ao processo (elementos de prova), sob pena de caracterizar um juízo subjetivo.[56] Trata-se, então, de conferir uma função justificatória à expressão "prova".[57]

A expressão "prova" também designa fonte de prova, meio de prova ou meio de obtenção de prova.

"Fonte de prova" refere-se às pessoas ou coisas das quais se extraem os elementos de prova – podendo ser classificada em fontes pessoais ou materiais (testemunha, vítima, acusado, peritos etc.) e fontes reais ou formais (documentos em sentido amplo).[58] Já "meio de prova" é a atividade ou procedimento pelo qual essa fonte é introduzida no processo[59] e dela são extraídos "elementos de prova".[60]

Tal distinção facilita a compreensão de cada uma das espécies de provas e seu funcionamento no processo. Assim, na prova testemunhal, por exemplo, a fonte é a própria testemunha e seu conhecimento sobre os fatos, ao passo que o meio é seu testemunho perante o juiz.

Outra distinção de grande importância é aquela existente entre meio de prova e meio de investigação ou obtenção de prova.

O primeiro refere-se a uma atividade endoprocessual,[61] que tem como finalidade a entrada e fixação de dados objetivos (elementos de

---

[54] GOMES FILHO, Antonio Magalhães. Notas sobre a terminologia da prova: reflexos no processo penal brasileiro. *In:* YARSHELL, Flávio Luiz. *Estudos em homenagem à Professora Ada Pellegrini Grinover.* São Paulo: DPJ, 2005. p. 307.
[55] Para Michele Taruffo, elemento de prova é sinônimo de meio de prova, que é definido pelo autor como todo elemento que possa ser empregado para o conhecimento do fato (TARUFFO, Michele. *La prueba de los hechos.* 4. ed. Madrid: Trotta, 2011. p. 448).
[56] GOMES FILHO, Antonio Magalhães. Notas..., *op. cit.,* p. 308.
[57] GASCÓN ABELÁN, Marina. *Los hechos en el derecho* – bases argumentales de la prueba. Madrid: Marcial Pons, 1999. *Op. cit.,* p. 85.
[58] GOMES FILHO, Antonio Magalhães. Notas..., *op. cit.,* p. 308.
[59] ABELÁN, Marina Gascón. *Op. cit.,* p. 84.
[60] TONINI, Paolo. *La prova penale.* 4. ed. Padova: Cedam, 2000. p. 91.
[61] GOMES FILHO, Antonio Magalhães. Notas sobre a terminologia da prova: reflexos no processo penal brasileiro. *In:* YARSHELL, Flávio Luiz. *Estudos em homenagem à Professora Ada Pellegrini Grinover.* São Paulo: DPJ, 2005. p. 309.

prova) no processo, ou seja, mediante produção perante um juiz, com conhecimento e participação das partes. Já os meios de obtenção são procedimentos realizados, em regra, fora do processo, portanto extraprocessuais, de descoberta de fontes de prova ou outros elementos úteis à investigação.

Normalmente, conforme ensina Paolo Tonini,[62] enquanto os meios de prova exigem total observância, ao contraditório – entendido tanto como ciência da realização do ato como participação neste[63] –, o que caracteriza os meios de investigação é o fator surpresa, ocasião em que não há participação do investigado, o qual terá oportunidade de impugnação apenas em fase posterior, já durante o processo.

Essa distinção mostra-se relevante na medida em que a irregularidade em relação ao meio de prova acarreta a nulidade do ato, enquanto que o vício na obtenção da prova (*rectius*: fonte de prova) torna esta inadmissível no processo, conforme o art. 5º, inc. LVI, da Constituição.

1.3.3 Investigação na Lei nº 12.850/13

Delimitados os diferentes significados do vocábulo "prova", passaremos à análise da matéria relacionada à investigação de delitos praticados por organizações criminosas e trataremos brevemente da disciplina trazida pela Lei nº 12.850/13 (art. 3º).

Seguindo influências internacionais que reconhecem o perigo criado por organizações criminosas e a insuficiência de meios aptos para a investigação dos crimes praticados por elas,[64] sobretudo aqueles direcionados contra o mercado financeiro e cometidos por meio da transmissão telemática de informações,[65] foram introduzidos no ordenamento jurídico brasileiro diversos diplomas buscando suprir essa carência. O primeiro deles, a Lei federal nº 9.034/95, procurou tratar da utilização de meios operacionais para prevenção e repressão de ações

---

[62] TONINI, Paolo. *A prova no processo penal italiano*. São Paulo: Revista dos Tribunais, 2002. p. 242-243.

[63] GOMES FILHO, Antonio Magalhães. *Direito à Prova no Processo Penal*. São Paulo: Revista dos Tribunais, 1997. p. 137-139.

[64] DE LA CUESTA, José Luis. Organized Crime Control Policies in Spain: A "Disorganized" Criminal Policy for "Organized" Crime. *In*: FIJNAUT, Cyrille; PAOLI, Letizia. *Organized Crime in Europe* – Concepts, Patterns and Control policies in the European Union and Beyond. Netherlands: Springer, 2004. p. 808-809.

[65] MILITELLO, Vincenzo. Iniciativas supranacionales en la lucha contra la criminalidad organizada y el blanqueo en el ámbito de las nuevas tecnologías. *In*: ZUÑIGA RODRÍGUEZ, Laura; MÉNDEZ RODRÍGUEZ, Cristina; DIAZ-SANTOS, Maria Rosario Diego. *Derecho penal, sociedad y nuevas tecnologías*. Madrid: Colex, 2001. p. 177-178.

praticadas por organizações criminosas, porém foi objeto de diversas críticas[66] em relação à ausência de regulamentação da interceptação telefônica[67] e da infiltração de agentes, bem como a falta de dispositivos[68] que possibilitassem a proteção de vítimas e testemunhas.[69] Este diploma foi expressamente revogado pela a Lei federal n° 12.850/13,[70] que além de definir organização criminosa – exigência muito reclamada pela doutrina – em seu art. 3º, prevê os seguintes meios de investigação:

a) Colaboração premiada (inciso I): este meio pode ser definido como a possibilidade que detém o autor do delito em obter o perdão judicial ou a redução da pena (ou sua substituição), desde que, de forma eficaz e voluntária, auxilie na identificação dos coautores e partícipes da organização criminosa e dos delitos praticados por ela; revelação da estrutura interna e *modus operandi* da organização; prevenção de infrações; recuperação total ou parcial do produto dos crimes e localização de vítimas.

Note-se que há divergência doutrinária a respeito do termo "colaboração", já que este apresenta diferentes interpretações, podendo ser sinônimo do instituto da delação premiada[71] ou diverso, pois há autores[72] que enxergam a distinção entre a colaboração processual – instituto de direito processual em que há acordo entre Ministério Público e colaborador para evitar a relação processual – e a delação premiada – instituto de direito material, cuja aplicação ocorre apenas na fase judicial e possibilita apenas a redução da pena.

---

[66] MARIATH, Carlos Roberto. Infiltração policial no Brasil: um jogo ainda sem regras. *Segurança Pública & Cidadania*: revista brasileira de segurança pública e cidadania, Brasília, v. 2, n. 2, jul./dez. 2009. p. 74-83.
[67] Posteriormente tratada na Lei nº 9.296, de 24 de julho de 1996.
[68] A proteção de vítimas e testemunhas foi posteriormente regulamentada pela Lei nº 9.807, de 13 de julho de 1999.
[69] FERNANDES, Antônio Scarance. Crime organizado e a legislação brasileira. In: PENTEADO, Jaques de Camargo (Org.). *Justiça penal*: críticas e sugestões. São Paulo: Revista dos Tribunais, 1995. p. 34-35.
[70] A Lei nº 12.850, de 2 de agosto de 2013, "Define organização criminosa e dispõe sobre a investigação criminal, os meios de obtenção da prova, infrações penais correlatas e o procedimento criminal; altera o Decreto-Lei nº 2.848, de 7 de dezembro de 1940 (Código Penal); revoga a Lei nº 9.034, de 3 de maio de 1995; e dá outras providências [...]".
[71] BITENCOURT, Cezar Roberto; BUSATO, Paulo César. *Comentários à Lei de Organização Criminosa* – Lei n. 12.850/2013. São Paulo: Saraiva, 2014. p. 115-119.
[72] FERNANDES, Antonio Scarance. O equilíbrio entre a eficiência e o garantismo e o crime organizado. *Revista Brasileira de Ciências Criminais*, São Paulo, v. 16, n. 70, p. 229-268, jan./fev. 2008. p. 257.

Entretanto, como o art. 4º da Lei nº 12.850/13 prevê ao colaborador "prêmios" de natureza processual ou material, a melhor solução é considerar os termos equivalentes, mesmo porque o instituto na legislação atual possui natureza mista.[73]

b) Captação ambiental de sinais eletromagnéticos, ópticos ou acústicos (inciso II): por aqui é importante destacar que o legislador propositalmente optou pela captação e não interceptação ambiental, pois o termo interceptação é mencionado apenas no inciso V, relacionado às comunicações telefônicas e telemáticas. Dessa forma, diversamente da lei revogada (nº 9.034/95), presume-se que é admitida apenas a atividade de captação e registro de comunicação entre pessoas presentes e de caráter reservado, por um terceiro, com o emprego de meios técnicos – a medida não se limita à gravação do som da conversa, mas também da gravação de vídeo ou fotografia –, utilizados em operação oculta e simultânea à comunicação, com o conhecimento de um ou alguns dos interlocutores.[74]

Outro ponto que reforça essa interpretação é a ausência de exigência legal de autorização judicial para a realização da captação. Esta mudança deixa claro que, ao contrário da lei anterior, a medida não é realizada na clandestinidade, tendo em vista que conta com o conhecimento e anuência de um dos interlocutores, bem como o caráter muitas vezes público deste meio de obtenção de prova.[75]

c) Ação controlada (inciso III): conforme a lei em análise (art. 8º),[76] este meio de obtenção de prova consiste em "retardar a intervenção policial ou administrativa relativa à ação praticada por organização criminosa ou a ela vinculada, desde que mantida sob observação e acompanhamento para que a medida legal se concretize no momento mais eficaz à formação de provas e obtenção de informações".

---

[73] FERRO, Ana Luiza Almeida; GAZZOLA, Gustavo dos Reis; PEREIRA, Flávio Cardoso. *Criminalidade organizada*: comentários à Lei 12.850, de 02 de agosto de 2013. Curitiba: Juruá, 2014. p. 63-64.

[74] Cf. ARANTES FILHO, Marcio Geraldo Britto. *A interceptação de comunicação entre pessoas presentes*. Brasília, DF: Gazeta Jurídica, 2013. p. 157.

[75] SANCHES, Rogério; PINTO, Ronaldo Batista. *Crime Organizado*: comentários à nova lei sobre o crime organizado – Lei nº 12.850/2013. Salvador: Juspodvim, 2014. p. 25-26.

[76] Este meio de obtenção de prova era descrito ainda na vigência da lei anterior como a técnica de investigação consistente em permitir que remessas ilícitas ou suspeitas de entorpecentes ou outras substâncias proibidas circulem pelo território nacional, bem como dele saiam ou nele ingressem, sem interferência impeditiva da autoridade ou seus agentes, mas sob sua vigilância. Tudo com o fim de descobrir ou identificar as pessoas envolvidas no cometimento de algum delito de elevada gravidade, bem como prestar auxílio a autoridades estrangeiras nesses mesmos fins (RASCOVSKI, Luiz. *A entrega vigiada como meio de investigação*. 2012. 212 f. Dissertação (Mestrado em Direito) – Faculdade de Direito, Universidade de São Paulo, São Paulo, 2012. p. 80).

Observe-se que em nosso ordenamento não existem diferenças entre ação controlada e vigiada, como antes era sustentado sob a égide das leis nº 9.034/95 e nº 11.343/06,[77] já que a nova redação permite tanto o acompanhamento de entorpecentes como de outras condutas praticadas por organizações criminosas.[78]

d) Acesso a registros de ligações telefônicas e telemáticas, a dados cadastrais constantes de bancos de dados públicos ou privados e a informações eleitorais ou comerciais (inciso IV): os seguintes dados e o limite do acesso a eles pelas autoridades estão disciplinados nos artigos 15 a 17 da referida lei, de sorte que o art. 15 define o que são dados cadastrais para fins de obtenção de provas, ou seja, aqueles que informam exclusivamente a qualificação pessoal, a filiação e o endereço mantidos pela justiça eleitoral, empresas telefônicas, instituições financeiras, provedores de internet e administradoras de cartão de crédito.

Os demais dispositivos estabelecem os deveres de cooperação às investigações das empresas de transporte e concessionárias de telefonia fixa ou móvel quanto às informações sobre viagens e ligações telefônicas e telemáticas.

e) Interceptação de comunicações telefônicas e telemáticas (inciso V): este meio de obtenção da prova é disciplinado na Lei nº 9.296/96 e de forma diversa da captação, a interceptação, em sentido estrito, é a escuta e eventual gravação de conversa sem o conhecimento de nenhum dos interlocutores.[79]

f) Afastamento dos sigilos financeiro, bancário e fiscal (inciso VI): trata-se da quebra dos referidos sigilos[80] para fins de apurar infrações criminais praticadas por organizações criminosas. Contudo, a

---

[77] Cf. GOMES, Rodrigo Carneiro. *O crime organizado na visão da Convenção de Palermo.* Belo Horizonte: Del Rey, 2009. p. 219.

[78] No tocante a esta distinção, é interessante ressaltar, ainda mais considerando o objeto deste trabalho, que esta tem grande valia em outros países – como a França – em que a entrega vigiada representa o acompanhamento da mercadoria ilícita, enquanto a entrega controlada integra as operações de investigação realizadas por agentes infiltrados (cf. GRECO FILHO, Vicente. A entrega vigiada e o tráfico de pessoas. In: *Tráfico de pessoas.* São Paulo: Quartier Latin, 2010. p. 295).

[79] Cf. GOMES, Luiz Flávio; MACIEL, Silvio. *Interceptação telefônica*: comentários à Lei 9.296, de 24.07.1996. São Paulo: Revista dos Tribunais, 2011. p. 24-27; GRECO FILHO, Vicente. *Interceptação telefônica*: considerações sobre a Lei nº 9.296, de 24 de julho de 1996. 2. ed. São Paulo: Saraiva, 2005. p. 6-7; e, ainda, GRINOVER, Ada Pellegrini. *Provas ilícitas, interceptações e escutas.* Brasília: Gazeta Jurídica, 2013.

[80] Os sigilos financeiro e bancário encontram-se regulados na Lei Complementar nº 105/2001 – esta cuida do regime das operações financeiras e das restrições de acesso aos dados e registros por instituições privadas e públicas –, enquanto o sigilo fiscal, no art. 198 do Código Tributário Nacional.

nova legislação não trouxe qualquer inovação em relação aos diplomas anteriores – persiste a inexistência de procedimento específico para a efetivação da medida e, ainda, há a omissão no tratamento de questões caras ao processo penal, como o contraditório –, de sorte que esta é uma das principais críticas ao dispositivo.[81]

g) Infiltração, por policiais, em atividade de investigação (inciso VII).

h) Cooperação entre instituições e órgãos federais, distritais, estaduais e municipais na busca de provas e informações de interesse da investigação ou da instrução criminal (inciso VIII): neste ponto o legislador procurou enfatizar a necessidade da cooperação jurídica na investigação de crimes que normalmente não estão limitados a uma determinada área do território nacional.

Contudo, a cooperação não é propriamente uma medida a ser utilizada para a apuração de infrações, mas sim um conjunto de mecanismos e instrumentos destinados a esse fim e necessários para disciplinar a relação entre órgãos internos ou internacionais e facilitar o acesso à justiça.[82]

A Lei nº 12.850/13 trouxe como inovação (considerada a legislação anterior sobre o mesmo tema) a previsão da cooperação jurídica como instrumento de combate ao crime organizado e, principalmente, tratou de forma inédita da infiltração policial.

Acerca do tema deste trabalho, desde já é importante destacar que a Lei nº 12.850/13 deve ser vista como uma lei geral em matéria de infiltração policial, uma vez que, além do procedimento a ser seguido para utilização da medida, disciplina os direitos do agente infiltrado, previsão inexistente na Lei nº 13.771/17, que consolidou a figura da infiltração policial em ambiente virtual. Por esse motivo, a análise da legislação que versa sobre criminalidade organizada é de fundamental importância para a compreensão do instituto objeto do presente trabalho.

---

[81] GOMES, Marcus Alan de Melo. O afastamento dos sigilos financeiro, bancário e fiscal na Lei 12.850/2013. *Boletim IBCCRIM*, São Paulo, v. 23, n. 275, p. 11-12, out. 2015.

[82] ABADE, Denise Neves. *Direitos Fundamentais na Cooperação Jurídica Internacional* – extradição, assistência jurídica, execução de sentença estrangeira e transferência de presos. São Paulo: Saraiva, 2013. p. 27-30.

1.3.4 Natureza jurídica das medidas previstas para apuração de infrações penais na Lei nº 12.850/13

Conforme mostra o próprio dispositivo, houve preferência do legislador pela utilização da nomenclatura "meios de obtenção de prova", ao contrário da Lei nº 9.034/95, que se referia aos mesmos instrumentos como "meios de investigação e formação de prova".

Destacamos que a nomenclatura anterior poderia incutir a errônea conclusão de que se tratava de medidas de natureza dúplice – funções de meios de prova e de meios de obtenção de prova –, de forma que serviriam tanto à pesquisa e descoberta de fontes de prova (investigação) como à extração de elementos de prova das mesmas (formação). Daí entendemos que havia dúvida a respeito da natureza jurídica das medidas destinadas à apuração de delitos no contexto do crime organizado.[83]

A legislação atual, ao contrário, foi objetiva e expressamente estabeleceu que as figuras do art. 3º são meios de obtenção de prova. Neste ponto, optamos por direcionar a análise apenas ao nosso objeto de pesquisa (infiltração policial), de forma que não será objetivo de estudo e crítica a opção do legislador em relação à natureza jurídica das demais medidas previstas no referido dispositivo.

Em relação à infiltração policial, como o agente policial é inserido no *habitat* criminoso para observar o funcionamento de organizações criminosas e descobrir elementos ou fontes de prova que possam contribuir à apuração de infrações penais, afirmamos que esta medida é mesmo um meio de obtenção de provas,[84] a despeito da controversa

---

[83] Sobre a associação da expressão "meios de prova" à tarefa de "formação" da prova, cf. CONSO, Giovanni; GREVI, Vittorio. *Compendio di Procedura Penale*. 5. ed. Milão: Cedam, 2010. p. 320.

[84] Afirmando a natureza de meio de obtenção de prova da infiltração policial, ressaltam Rosario Minna e Alessandro Sutera Sardo que: "l'azione coperta riconferma le proprie caratteristiche anche di strumento processuale per acquisire elementi di prova [...]" (MINNA, Rosario; SARDO, Alessandro Sutera. *Agente provocatore*. Profili sostanziali e processuali. Milão: Giuffrè Editore, 2003. p. 47).
No mesmo sentido trata Cinzia Stopponi após explicar sobre a possibilidade de que a infiltração seja desenvolvida com fins preventivos e não apenas repressivos – dependentes de uma investigação já instaurada: "Proprio sulla base di questi rilievi, altra parte della dottrina riconosce la possibilità di autorizzare il compimento di tali operezioni non solo a fronte di procedimenti penali già aperti, ma anche in situazioni rispetto alle quali non si riscontra la preesistenza di una concreta notizia di reato; secondo questo orientamento le operazioni in esame possono, pertanto, qualificarsi, a seconda delle situazioni, sia come attività di prevenzione e di ricerca della notizia di reato, sia come attività di ricerca della prova" (STOPPONI, Cinzia. *Le operazioni sotto copertura*. Attività di prevenzione, attività di polizia giudiziaria, riflessi sulla prova dichiarativa. 2008. 125f. Tese (Doutorado em Direito e Processo Penal), Università di Bologna, Itália, 2008. p. 40).

utilização do agente infiltrado como testemunha, que será objeto de análise nos capítulos posteriores.

Não ignoramos a existência de posição doutrinária que entende desnecessária a separação da infiltração policial dos demais meios de obtenção de prova, com fundamento no raciocínio de que todos igualmente afetam direitos fundamentais.[85]

Entretanto, entendemos que não se trata de banalização da classificação das provas a consideração da infiltração como um meio extraordinário, tendo em vista suas características, que a colocam em situação de concreta excepcionalidade e subsidiariedade face às demais medidas. A relevância dessa limitação, então, reside no fato de que a investigação realizada por intermédio da atuação do agente infiltrado tem como uma de suas bases, como será visto mais adiante, a colocação do investigado em situação de erro para obtenção de provas, o que representa uma limitação de direitos fundamentais muito mais incisiva do que a apresentada pelos demais meios de obtenção de provas.[86]

Dessa forma, há a utilização do engano pelo Estado com a única finalidade de reunião de provas da prática de um fato criminoso, pois o infiltrado forja relações pessoais apenas para facilitar a retirada de informações dos investigados ou de pessoas próximas a eles.

Feitas estas considerações, no capítulo seguinte estudaremos o surgimento da infiltração policial, bem como seu conceito e principais características.

Também cf. VENTURA, Nicoletta. *Le investigazioni under cover dela polizia giudiziaria*. Bari: Cacucci Editore, 2008. p. 81; e TONINI, Paolo. *Manuale di procedura penale*. 11. ed. Milão: Giufrè Editore, 2010. p. 509.

[85] ARANTES FILHO, Marcio Geraldo Britto. *A interceptação de comunicação entre pessoas presentes*. Brasília, DF: Gazeta Jurídica, 2013. p. 70.

[86] Segundo Monteros: "[...] la infiltración policial destaca por su carácter extraordinario. Esta característica, se debe al empleo de medios personales predispuestos para el descubrimiento del delito. Es decir, a la utilización del engaño como modo de investigación de determinados delitos y frente a determinados delincuentes, así como las relaciones de confianza que puede generarse con los miembros de la organización gracias a utilización de la identidad supuesta" (ESPINOSA DE LOS MONTEROS, Rocío Zafra. *El policía infiltrado*: los presupuestos jurídicos en el proceso penal español. Barcelona: Tirant lo Blanch, 2010. p. 154).

CAPÍTULO 2

A INFILTRAÇÃO POLICIAL

2.1 Origem do instituto

A infiltração policial tem suas origens em táticas de espionagem e outras práticas ocultas de investigação consagradas em guerras e conflitos travados entre povos durante todas as fases da humanidade.[87] Essas técnicas eram largamente utilizadas na obtenção de informações sobre inimigos ou oponentes[88] para a elaboração de estratégias de batalha e conquista de territórios.

O que merece destaque é que nestes tempos não havia uma distinção clara entre a simples infiltração e a provocação, tendo em vista que muitas vezes aquele responsável pela espionagem, visando obter informações secretas ou de grande importância, lançava mão do engodo e da provocação para fazer com que o espionado agisse conforme seus interesses. Essa prática demonstra a dificuldade em controlar ações desse tipo, cujos objetivos são muitas vezes desconhecidos, já que o agente poderia muito bem, sob o pretexto de apenas colher informações sobre inimigos do Estado, prejudicar opositores políticos do atual detentor do poder.[89]

---

[87] PEREIRA, Flávio Cardoso. *Agente encubierto y proceso penal garantista:* límites y desafíos. Córdoba: Lerner, 2012. p. 358.
[88] Estes variam a cada época, desde inimigos do rei, a inimigos do Estado, sob um ponto de vista mais recente.
[89] Isabel Oneto afirma que todos os países do mundo utilizam ou já utilizaram agentes infiltrados, ainda que esta figura não encontre tipificação em todos os ordenamentos jurídicos. Essa afirmação é fundamental na inexistência, durante muito tempo, de uma distinção clara entre agente infiltrado e agente provocador, que contribuiu para a grande utilização de espiões, sem qualquer previsão legal e na maioria das vezes com fins exclusivamente políticos (ONETO, Isabel. *O agente infiltrado:* contributo para a compreensão do regime jurídico das acções encobertas. Coimbra: Coimbra Ed., 2005. p. 19-20).

Neste contexto, muitos afirmam que tanto a infiltração como a provocação possuem uma origem comum, a figura do *agent provocateur*. Este instituto é considerado o antecedente histórico mais relevante da infiltração policial e não há uma unanimidade a respeito de sua primeira utilização,[90] sendo normalmente apontada a época do absolutismo francês.[91]

Neste período, mais precisamente ao final do século XVII,[92] a polícia parisiense realizava operações ocultas que contavam com a participação de delatores entre a população. Estes delatores eram encontrados entre qualquer pessoa do povo, pois bastava que fornecessem informações relevantes a investigações para, em troca, receberem favores outorgados pelo príncipe.[93]

Posteriormente, com a finalidade puramente política de reforçar o poder daquele que estava no comando do Estado e desestabilizar seus opositores, foram criadas polícias secretas.[94] Estas provocavam a comissão de delitos por terceiros e contribuíam para a criação de um falso estado de desordem a ser superado pelo governo, conforme ressalta Montoya:[95]

---

[90] MONTOYA, Mario Daniel. *Informantes y técnicas de investigación encubiertas* – Análisis Constitucional y procesal penal. 2. ed. Buenos Aires, 2001. p. 39-40.

[91] ONETO, Isabel. *Op. cit.*, p. 22; MUÑOZ SANCHEZ, Juan. *La moderna problemática jurídico penal del agente provocador*. Barcelona: Tirant lo Branch, 1995.
Entretanto, Montoya indica que outras origens são apontadas, como no capítulo de Gênesis da *Bíblia* (III, 1-7) ou em obras literárias da Grécia antiga (MONTOYA, Mario Daniel. *Informantes... op. cit.*, p. 39-40). Da mesma forma, indica Gary T. Marx ao introduzir o capítulo que trata das origens das ações policiais encobertas na França, Reino Unido e Estados Unidos da América (MARX, Gary T. *Undercover*: Police Surveillance in America. California: University of California Press, 1988. p. 17).

[92] QUIROGA, Jacobo López Barja de. *Tratado de derecho procesal penal*. Navarra: Editorial Aranzadi, 2004. p. 1.027.

[93] MUÑOZ SANCHEZ, Juan. *La moderna problemática jurídico penal del agente provocador*. Barcelona: Tirant lo Branch, 1995. p. 21.

[94] MAGLIE, Cristina de. Premesse allo studio dell'agente provocatore. *Rivista Italiana di Diritto e Procedura Penale*, Milano, v. 32, p. 214-292, 1989. p. 218-219.

[95] "En aquella época los agentes de policía inducían a otros a cometer delitos políticos con el fin de deshacerse de indivíduos vistos como peligrosos por el Gobierno, ya sea para obtener una uma recompensa, para quedarse con sus bienes o con su mujer. Fue conocida la provocación con fines políticos em la época del cardenal Richelieu y sobre todo en tiempos de Luis XIV, com la organización policial a las órdenes del marqués de Argenson, cuya finalidade era, por uma parte, la realización de acciones criminales con tintes políticos y por la outra la creación de um clima en el cual se pudiera desarrollar la toma de medidas coercitivas desde el punto de vista social. La institución pasó del espionaje a la provocación" (MONTOYA, Mario Daniel. *Informantes y técnicas de investigación encubiertas* – Análisis Constitucional y procesal penal. 2. ed. Buenos Aires, 2001. p. 36).

Naquela época os agentes de polícia induziam outros a cometerem delitos políticos com o fim de se desfazer de indivíduos vistos como perigosos pelo Governo, sob promessa de recompensa, para manutenção de seus bens ou família. Foi conhecida a provocação com fins políticos na época do Cardeal Richelieu e sobretudo no reinado de Luís XVI, com a organização das polícias sob as ordens do Marquês de Argenson, cuja finalidade era, por um lado, a realização de infrações penais com características políticas e, por outro lado, a criação de um clima que permitisse o desenvolvimento de medidas coercitivas de natureza social. A instituição passou da espionagem à provocação (tradução livre).

Um dos principais responsáveis pela introdução destes métodos nas investigações criminais na França foi o ex-criminoso François Vidocq.[96]

Vidocq celebrou acordo de colaboração com investigações da polícia parisiense após ser processado pela prática de infração de menor potencial ofensivo e, diante do sucesso obtido, foi integrado ao quadro permanente de policiais com o comando de uma unidade especial de investigação criminal. Em suas atividades contava com o auxílio de diversos criminosos nas funções de detetives, pagos ilegalmente com valores do fundo destinado à polícia.[97]

As operações policiais, então, passaram a contar com duas espécies de agentes de investigação. Inspetores que realizavam tarefas de observação – denominados *observateurs* – e terceiros contratados – muitas vezes criminosos que negociavam sua liberdade em troca da cooperação com a polícia –, aos quais eram designadas as tarefas de seguir, escutar, informar e provocar[98] delitos para efetuar a prisão do investigado.[99] Sempre lembrando que as investigações eram levadas a cabo na clandestinidade e com segredo da identidade dos agentes.

---

[96] MARX, Gary T. *Undercover*: Police Surveillance in America. California: University of California Press, 1988. p. 18-19.
[97] MARX, Gary T. *Undercover*: Police Surveillance in America. California: University of California Press, 1988. p. 18-19.
[98] Cristina de Maglie fornece a curiosa informação de que no início do policiamento secreto instituído por Luís XIV na França, a função dos investigadores era apenas a de observação e somente quando essa atividade de vigilância meramente passiva começou a apresentar desgastes na neutralização de opositores do regime é que foi permitida a provocação de delitos (MAGLIE, Cristina de. Premesse allo studio dell'agente provocatore. *Rivista Italiana di Diritto e Procedura Penale*, Milano, v. 32, p. 214-292, 1989. p. 219).
[99] Estes agentes eram denominados pela linguagem popular de *mouches*, *sous-inspecteurs*, *commis* ou *préposés*. Segundo Isabel Oneto, os investigadores poderiam ser recrutados de diversos níveis sociais, não apenas entre criminosos, pois tudo dependia do ambiente (*millieu*) em que seria realizada a investigação (ONETO, Isabel. *O agente infiltrado*: contributo para a compreensão do regime jurídico das acções encobertas. Coimbra: Coimbra Ed., 2005. p. 21-22).

Embora tenha alcançado relativo sucesso com suas técnicas de investigação – ainda mais se considerarmos que foi mantido à frente das investigações criminais em Paris por tempo razoável (de 1810 a 1827) –, que buscavam aproximar os policiais do mundo do crime e possibilitar maior eficiência, os métodos utilizados por Vidocq foram muito questionados, pois o recrutamento de criminosos para trabalhar com a polícia na apuração de infrações e até mesmo na segurança da cidade era visto com ressalvas, já que manchava a reputação da classe de agentes de segurança legalmente investidos no cargo e, principalmente, porque escancarava o grande potencial de corrupção que existia na polícia.[100]

Estes pontos negativos do sistema de investigação criminal francês não influenciaram apenas o próprio país, mas outras nações como Grã Bretanha e Estados Unidos da América, que durante muitos anos relutaram em instituir uma polícia nacional e permanente. Isso ocorreu principalmente pelo receio de que com a centralização da força policial seria facilitada a introdução de técnicas duvidosas de investigação – como espiões, colaboradores e informantes –, próprias de regimes totalitários.[101]

Note-se, no sistema francês o *agent provocateur* exercia funções de provocação, infiltração e fornecimento de informações em troca de favores, mas sua utilização se destinava tanto à repressão e prevenção de delitos como também à satisfação de interesses políticos.

Conforme destaca Isabel Oneto, ao tratar das diferentes formas de intervenção do *agent provocateur*:[102]

> Outra dificuldade suscitada na delimitação conceptual do agent provocateur centra-se no facto de desde então sua utilização ocorrer quer para fins de repressão criminal, como para fortalecer estratégias políticas de poder, originando um conceito desmesuradamente amplo para um ângulo que se pretende balizado por critérios jurídico-criminais, no quadro de um Estado de Direito.

---

[100] MARX, Gary T. *Undercover...op. cit.*, p. 18-19.
[101] Embora existisse essa relutância, na Inglaterra desde o início do século XVIII se utilizava a figura dos delatores, de modo que qualquer pessoa poderia comunicar a prática de infrações por outra à autoridade responsável. Essa prática aos poucos foi substituída pelo policiamento à paisana e desarmado, copiado também por diversas cidades americanas a partir do ano de 1850, que buscavam desestabilizar práticas criminosas pelo simples fato de demonstrarem que existia uma força de segurança nas ruas (MARX, Gary T. *Undercover... op. cit.*, p. 20-23).
[102] ONETO, Isabel. *O agente infiltrado:* contributo para a compreensão do regime jurídico das acções encobertas. Coimbra: Coimbra Ed., 2005. p. 22.

A amplitude do conceito do *agent provocateur* de fato impede sua utilização para as ações de infiltração permitidas hoje. Neste contexto, portanto, há a necessidade de delimitação mais precisa de características desse meio de obtenção de prova, inclusive para facilitar sua aceitação pelos diferentes ordenamentos jurídicos existentes,[103] que, conforme veremos, não recebem com bons olhos a provocação de delitos como um método válido de investigação.

Com esse objetivo, trataremos do conceito de infiltração policial utilizado na Espanha, Alemanha, Portugal, Itália e Argentina e teceremos comparações com o conceito trazido pela Lei nº 12.850/13. Em seguida, traçaremos algumas características fundamentais da infiltração policial, observadas nos países estudados.

2.2 Conceito

Por ora nossa análise recairá sobre os regimes jurídicos da infiltração policial em utilização na Espanha, Alemanha, Portugal, Itália e Argentina.

Optamos por estes países por conta da origem em comum de seus sistemas jurídicos (romano-germânica), o que facilita a comparação com o nosso ordenamento. Outro ponto considerado nesta escolha é a vasta experiência legislativa e prática na utilização da infiltração, o que nos permitirá importantes reflexões na análise crítica do regime jurídico brasileiro.[104]

Conforme já mencionado, a simples leitura das legislações destes Estados leva à identificação de certas características em comum e que, em relação a algumas delas, já eram perceptíveis com o *agent provocateur*.

Contudo, antes de analisarmos estes elementos, mister realizarmos um importante esclarecimento. Infiltração policial é o nome que se dá ao meio de obtenção de prova utilizado na apuração de condutas de organizações criminosas, enquanto que o agente infiltrado é o sujeito que realizará a tarefa de infiltração, ou seja, é o móvel deste meio de obtenção de prova.

---

[103] A dificuldade de aceitar este meio de obtenção de prova vem da necessidade de sua utilização clandestina, muitas vezes associada a atividades de espionagem, conhecidas por não respeitarem regras formais ou direitos alheios.

[104] Apenas como justificativa vale a informação de que o atual regime jurídico da infiltração policial na Alemanha (§§110 a, b e c do StPO) foi introduzido em 15 de julho de 1992 pela OrgKG (*Gesetz zur Bekämpfung des illegalen Rauschgifthandels und anderer Erscheinungsformen der organisierten Kriminalität*). Portanto há 23 anos a infiltração policial deve observar o mesmo regime neste país, de sorte que a experiência alemã é sem dúvida de grande ajuda para o estudo do recente tratamento jurídico da infiltração no Brasil.

Além disso, a infiltração policial pode apresentar finalidade repressiva, que consiste na investigação e obtenção de informações úteis à apuração de delitos já consumados, ou preventiva, na qual o objetivo do agente é evitar a consumação de crimes.[105] A título de exemplo, em Portugal[106] e na Alemanha[107] as duas finalidades são reguladas, ao contrário da Espanha e do Brasil, países nos quais é prevista apenas a finalidade repressiva.[108]

Feitos estes esclarecimentos, podemos agora analisar os conceitos trazidos por cada um dos ordenamentos selecionados.

2.2.1 Conceitos de infiltração policial nos ordenamentos jurídicos estrangeiros

a) Alemanha

A infiltração policial na Alemanha é prevista no próprio Código de Processo Penal Alemão (StPO), no dispositivo §110A (embora os §§110B e 110C também tratem do tema), que em seus incisos descreve no que consiste este meio de obtenção de prova.

O dispositivo é dividido em três incisos, onde cada um apresenta alguma característica da infiltração policial. No primeiro há a especificação do âmbito de autorização deste meio de obtenção de prova, ou

---

[105] cf. ANDRADE, Manuel da Costa. *Sobre as proibições de prova em processo penal*. Coimbra: Coimbra Ed., 2006. p. 232-233.

[106] Ao tratar da definição de agente infiltrado, Isabel Oneto esclarece que "o actual Regime Jurídico apenas admite o recurso a agentes infiltrados quando a operação for adequada aos fins de prevenção e repressão identificados em concreto e proporcional quer àquelas finalidades quer à gravidade do crime em investigação" (ONETO, Isabel. *O agente infiltrado: contributo para a compreensão do regime jurídico das acções encobertas*. Coimbra: Coimbra Ed., 2005. p. 146). A autora ainda analisa os posicionamentos de consagrados doutrinadores, como Lourenço Martins e Moraes Rocha, que restringem a atuação do agente a crimes já praticados, e Manoel Costa Andrade e Rui Pereira, que sustentam a finalidade preventiva como a única a ser buscada pela infiltração (*ibidem*, p. 144).

[107] Segundo Stefan Braum, ao tratar do §110a do StPO, "El investigador encubierto cumple una función tanto preventiva, como represiva. Y esta dualidad de funciones genera un sincretismo en cuanto a los presupuestos – policiales y procesales – que fundamentan su entrada en acción: así, un investigador clandestino, actuando como medio de prevención frente al delito, podría en cualquier momento hacer cambiar de polo su función, pasando a desempeñar la de persecución penal. Y a la inversa, quien investiga habiendo recibido un cometido represivo, podrá llevarlo a cabo también como control preventivo" (BRAUM, Stefan. La investigación encubierta como característica del proceso penal autoritario. *In*: ROMEU CASABONA, Carlos María. *La insostenible situación del Derecho Penal*. Granada: Comares, 2000. p. 6).

[108] ESPINOSA DE LOS MONTEROS, Rocío Zafra. *El policía infiltrado: los presupuestos jurídicos en el proceso penal español*. Barcelona: Tirant lo Blanch, 2010. p. 67.

seja, é determinado em quais espécies de crimes o Estado pode lançar mão da atuação do agente infiltrado, bem como faz referência à subsidiariedade deste meio. No segundo, há o conceito do agente infiltrado (*verdeckter ermittler*) e no terceiro inciso a previsão da utilização de identidade alterada (*legende*). Analisando e cumulando os incisos deste dispositivo, Roxin[109] criou conceito amplo e muito difundido na doutrina alemã:

> O agente infiltrado é um funcionário da polícia, que investiga sob uma identidade alterada, isto é, com substituição de sua própria identidade por uma distinta, que lhe é concedida por tempo prolongado (§110ª, II, 1). Sua intervenção é permitida apenas para o esclarecimento de "fatos criminosos de importância considerável", que pertençam ao círculo de crimes enumerados especificamente em um catálogo, principalmente no âmbito de delitos relacionados a drogas e contra a segurança do Estado, bem como os de criminalidade organizada (§110a, I, 1; é necessária a suspeita inicial no sentido do §152, II!), como também para o esclarecimento de crimes que acarretem perigo de reiteração (§110ª, I, 2); para isso, é sempre imprescindível que "procedendo de outra maneira, o esclarecimento não tenha nenhuma possibilidade de acontecer ou se dificulte consideravelmente" (§110a, I, 3). Ademais, esse tipo de ingerência somente pode ser invocada na hipótese de crimes de extrema importância e sempre que "outras medidas sejam inúteis" (§110a, I, 4) (tradução livre).

b) Espanha

A Ley de Enjuiciamento Criminal ou LECrim, no artigo 282-bis,[110] prevê a infiltração policial com o seguinte texto:

---

[109] "El AE es un funcionario del servicio de policía, que investiga bajo una 'identidad alterada', esto es, con prescindencia de su propia identidad, bajo una distinta que le es suministrada por un tiempo prolongado (§110a, II, 1). Su intervención solo está permitida para el esclarecimiento de 'hechos punibles de importancia considerable', que pertenezcan al círculo de h echos enumerados específicamente en un catálogo, en especial en el ámbito de los delitos referidos a estupefacientes y contra la seguridad del Estado, o bien de la criminalidad organizada (§110a, I, 1; es necesaria la sospecha inicial en el sentido §152, II!), como también para el esclarecimiento de crímenes respecto de los cuales existe un peligro de reiteración (§110ª, I, 2); para ello, es siempre imprescindible que 'procediendo de otra manera, el esclarecimiento no tenga perspectiva alguna o se dificulte considerablemente' (110a, I, 3). Además, este tipo de injerencia sólo puede ser utilizada en el caso de crímenes de especial importancia y siempre que 'otras medidas fueran inútiles' (§110a, I, 4)" (ROXIN, Claus. *Derecho procesal penal*. 2. ed. Trad. Gabriela E. Córdoba y Daniel R. Pastor, rev. Julio B. J. Maier. Buenos Aires: Del Puerto, 2003. p. 64).

[110] Introduzido no ordenamento espanhol pela Lei Ordinária nº 5/1993. A LECrim, por sua vez, é do ano de 1982.

A los fines previstos en el artículo anterior y cuando se trate de investigaciones que afecten a actividades propias de la delincuencia organizada, el Juez de Instrucción competente o el Ministerio Fiscal dando cuenta inmediata al Juez, podrán autorizar a funcionarios de la Policía Judicial, mediante resolución fundada y teniendo en cuenta su necesidad a los fines de la investigación, a actuar bajo identidad supuesta y a adquirir y transportar los objetos, efectos e instrumentos del delito y diferir la incautación de los mismos. La identidad supuesta será otorgada por el Ministerio del Interior por el plazo de seis meses prorrogables por períodos de igual duración, quedando legítimamente habilitados para actuar en todo lo relacionado con la investigación concreta y a participar en el tráfico jurídico y social bajo tal identidad.

Neste dispositivo é possível notar que a infiltração é expressamente definida, ao contrário da legislação alemã, onde são fornecidas apenas as características do agente que poderá realizá-la. Contudo, notamos características muito semelhantes como a limitação deste meio de obtenção de prova às forças de segurança e a utilização de uma identidade alterada.

c) Portugal

A regulação da infiltração policial portuguesa é feita pela Lei nº 101/2001, que disciplina as ações encobertas para fins de prevenção e repressão de crimes.

Em uma primeira aproximação, o art. 1º, nº 2, da referida legislação conceitua as ações encobertas, que são "ações desenvolvidas por funcionários de investigação criminal ou por terceiro actuando sob o controlo da polícia judiciária para a prevenção ou repressão de crimes indicados nesta lei, com ocultação da sua qualidade e identidade".

Diante deste conceito, identificamos algumas características já observadas nos ordenamentos alemão e espanhol (exigência de agentes ligados à polícia e ocultação da identidade e qualidade), mas os dispositivos seguintes restringem ainda mais o tema.

O art. 2º trata do âmbito de atuação das ações encobertas destinando-as a diversos crimes, não apenas aqueles típicos de organizações criminosas. Já o art. 3º reforça a natureza jurídica de meio de obtenção de prova (nº 1) e trata a infiltração como uma ação voluntária do policial (nº 2).

O art. 5º, por sua vez, esclarece o funcionamento da identidade fictícia, característica comum aos outros ordenamentos e exclusiva dos funcionários da polícia criminal – ficando, portanto, excluído o terceiro que atua sob o controle do Estado.

Diante destas características, na legislação portuguesa a infiltração policial é a ação de investigação desenvolvida por funcionários da polícia criminal que, atuando sob uma identidade fictícia, ocultam sua qualidade e identidade para a obtenção de material probatório destinado à prevenção e/ou repressão de delitos.

d) Itália

O tema da infiltração policial na Itália é cercado de complexidade. Desde 26 de junho de 1990 (art. 25 da Legge nº 162/90 – Lei que disciplinou mudanças na repressão do tráfico de drogas, adequando o ordenamento às exigências das Nações Unidas) foram editados diversos diplomas legais buscando regular a investigação encoberta,[111] o que fez nascer a dificuldade de precisar um conceito para a infiltração policial.

Buscando facilitar a compreensão da matéria, em 2006 surge a Legge nº 146, que ratificou a convenção das Nações Unidas contra o crime organizado transnacional (também conhecida como convenção de palermo) e no art. 9º tratou da *operazioni sotto copertura*. Este dispositivo, visto como norma geral no tratamento da infiltração policial, impõe a exclusividade da investigação encoberta aos membros da polícia judiciária (inc. I, alínea "a") para a apuração de delitos normalmente praticados por organizações criminosas e terroristas (inc. I, alínea "b").

Além disso, o inciso II prevê a utilização de documentos e identidades encobertas para a aproximação de investigados, à semelhança das previsões de identidade alterada dos demais ordenamentos. Já o inciso V traz a previsão de que para manter a investigação disciplinada nos incisos I e II podem ser utilizados temporariamente bens móveis e imóveis, bem como documentos variados destinados a proteger a verdadeira identidade e qualidade do agente.

Portanto, a Legge 146/06 traz o conceito de *operazioni sotto coppertura* como a atividade de pesquisa de provas em delitos relacionados à criminalidade organizada e terrorismo, desenvolvida por policiais que ocultam sua identidade e qualidade com a utilização de documentos e outros bens (móveis e imóveis) que permitam a investigação.

O mencionado diploma, em sentido contrário ao direito brasileiro, expressamente engloba no conceito de *operazioni sotto coppertura* as atividades de infiltração e a denominada ação controlada (art. 9, inciso VI).[112]

---

[111] Investigação encoberta entendida aqui como a investigação que utiliza meios sigilosos de obtenção de prova. No período abordado, agentes provocadores públicos e privados.

[112] "6. Quando è necessario per acquisire rilevanti elementi probatori ovvero per l'individuazione o la cattura dei responsabili dei delitti previsti dal comma 1 nonché di quelli previsti dagli

Contudo, embora este diploma tenha, em tese, unificado a matéria – de forma que diversos delitos cuja investigação previa a infiltração em lei própria ficaram subordinados ao art. 9º – escapam à sua disciplina a atividade encoberta em delitos relacionados a estupefacientes, pedofilia e extorsão mediante sequestro.[113] Para os fins deste trabalho, a análise comparada envolvendo o direito italiano terá como base o conceito exposto pelo art. 9 da Legge nº 146/06, já que esta legislação é vista como norma geral em matéria de infiltração policial.

e) Argentina

Único país latino-americano que utilizaremos para comparação. A Argentina integrou em seu ordenamento jurídico a figura do agente infiltrado pela Lei nº 24.424 de 2 de janeiro de 1995, que trata de delitos relacionados a drogas e alterou a lei anterior sobre o assunto (Lei nº 23.737/1989). Especificamente no art. 31 *bis* encontramos o conceito de infiltração policial, utilizada para fins de prevenção e apuração de delitos previstos no mesmo diploma.

> Artículo 31 bis: Durante el curso de una investigación y a los efectos de comprobar la comisión de algún delito previsto en esta ley o en el artículo 866 del Código Aduanero, de impedir su consumación, de lograr la individualización o detención de los autores, partícipes o encubridores, o para obtener y asegurar los medios de prueba necesarios, el juez por resolución fundamentada podrá disponer, si las finalidades de la investigación no pudieran ser logradas de otro modo, que agentes de las fuerzas de seguridad en actividad, actuando en forma encubierta:
> a) Se introduzcan como integrantes de organizaciones delictivas que tengan entre sus fines la comisión de los delitos previstos en esta ley o en el artículo 866 del Código Aduanero [...].

Na elaboração do artigo notamos técnica legislativa semelhante àquela utilizada nos ordenamentos estudados, principalmente pela presença de características como a subsidiariedade da infiltração diante de outros meios de obtenção de prova e atribuição da investigação a agentes das forças de segurança.

---

articoli 629 e 644 del codice penale, gli ufficiali di polizia giudiziaria nell'ambito delle rispettive attribuzioni possono omettere o ritardare gli atti di propria competenza, dandone immediato avviso, anche oralmente, al pubblico ministero e provvedono a trasmettere allo stesso motivato rapporto entro le successive quarantotto ore".

[113] BARROCU, Giovanni. *Le indagni sotto copertura*. 2013. Tese (Doutorado em Ciência Penal) – Universita 'Degli Studi Di Trieste, 2013. p. 39.

2.2.2 Conceito de infiltração policial no direito brasileiro

No Brasil a infiltração policial foi tratada pela primeira vez no Projeto de Lei nº 3.516/89, que trazia a seguinte redação em seu art. 2º, inc. I: "a infiltração de agentes da políciaa especializada em quadrilhas ou bandos, vedada qualquer co-participação delituosa, exceção feita ao disposto no Decreto-lei nº 2.848, de 7 de dezembro de 1940 – Código Penal, de cuja ação se preexclui, no caso a antijuridicidade".

Posteriormente, este projeto foi convertido em lei (Lei nº 9.034/95), contudo sofreu veto parcial do então Presidente da República Fernando Henrique Cardoso, que retirou o inciso referente à infiltração. A justificativa para tal decisão foi a de que o dispositivo afrontava interesse público ao não exigir autorização prévia do Poder Judiciário para utilização do meio de obtenção de prova, bem como concedia permissão legal aos agentes infiltrados para a prática de infrações.[114]

No ano de 2000, por obra do Projeto de Lei nº 3.275/00 – fruto de pressões populares para repressão da violência e do lançamento do Plano Nacional de Segurança Pública pelo Poder Executivo[115] – o recurso à infiltração policial como meio de combate à criminalidade novamente passou a ser discutido e posteriormente foi incluído pela primeira vez em nosso ordenamento jurídico pela Lei nº 10.217/01, que adicionou o inciso V ao art. 2º da Lei nº 9.034/95, com a seguinte redação:

> Art. 2º. Em qualquer fase de persecução penal são permitidos, sem prejuízo dos já previstos em lei, os seguintes procedimentos de investigação e formação de prova:
> [...] V – infiltração por agentes de polícia ou de inteligência, em tarefas de investigação, constituída pelos órgãos especializados pertinentes, mediante circunstanciada autorização judicial.

Contudo, segundo tal previsão, infiltração seria a participação de agentes policiais ou de inteligência em investigações mediante autorização judicial. Não havia qualquer menção à utilização ou não de identidades alteradas ou outro tipo de sigilo para proteção dos agentes, nem mesmo qualquer procedimento para a efetivação deste meio de obtenção de prova.

---

[114] JOSÉ, Maria Jamile. *A infiltração policial como meio de investigação de prova nos delitos relacionados à criminalidade organizada*. 2010. Dissertação (Mestrado em Direito Processual). 191 f. Faculdade de Direito, Universidade de São Paulo, 2010. p. 87.
[115] *Ibidem*.

Além disso, alguns anos depois a Lei nº 11.343/06 (Lei de Drogas) expressamente previu a infiltração, mas novamente sem qualquer dispositivo que a regulamentasse, alterando apenas a titularidade, limitada aos agentes de polícia.

Apenas em 2013, com a edição da Lei nº 12.850/13, é que tivemos a previsão de um procedimento para a infiltração policial, porém mais uma vez os legisladores perderam a oportunidade de manifestarem-se incisivamente a respeito de um conceito, ficando esta tarefa a cargo da doutrina.

Observamos, entretanto, que a despeito da inexistência de um posicionamento na criação de um conceito, os dispositivos desta lei apresentaram características que também são encontradas nos demais países e indicam ao menos um caminho para sua criação pela doutrina.

O art. 10, *caput*, da Lei nº 12.850/13 estabelece que a infiltração será realizada por agentes de polícia. O parágrafo 2º por sua vez traz que a infiltração será admitida se houver indícios da prática de alguma das infrações de que trata o art. 1º da lei – crimes praticados por organização criminosa (cuja pena máxima seja superior a quatro anos de reclusão) e/ou terrorista ou delitos transnacionais – e se a prova não puder ser produzida por outros meios, enquanto o art. 14 consagra a possibilidade de recusa do agente (inc. I) e a alteração de sua identidade (inc. II).

Posteriormente, em 08 de maio de 2017, foi editada a Lei nº 13.441, que acrescentou os artigos 190-A a 190-E ao Estatuto da Criança e do Adolescente (Lei nº 8.069/90), promovendo a criação da figura da infiltração policial na internet ou infiltração policial virtual.

Tais dispositivos guardam grande semelhança com aqueles contidos na lei sobre criminalidade organizada e, assim como a legislação mencionada anteriormente, o art. 190-A do ECA em seu *caput* já indica que a ação deverá ser realizada apenas por agentes de polícia e limita seu âmbito de utilização a crimes relacionados à pornografia infantil, contra a liberdade sexual envolvendo menores, corrupção de menores e invasão de dispositivo informático. O parágrafo 3º do mesmo artigo indica ainda que essa medida não será admitida se a prova puder ser obtida por outros meios. O artigo 190-D, por sua vez, prevê especificamente a criação de uma identidade fictícia para o agente, representando bem-vinda inovação na matéria.

Considerando os avanços da matéria incorporados ao ECA, a Lei nº 13.964, de 24 de dezembro de 2019, conhecida como "Pacote Anticrime", dentre as inúmeras mudanças realizadas na legislação penal e processual penal, estendeu, em redação muito semelhante à da Lei nº 13.441/17, às infiltrações policiais praticadas no âmbito da criminalidade organizada a modalidade virtual. O art. 14 do referido estabeleceu novos dispositivos à Lei que trata de criminalidade organizada, tais como 10-A a 10-D, que regulamentam o procedimento da infiltração virtual, e o parágrafo único do artigo 11, que trata do registro da identidade fictícia do agente na internet.

Portanto, com base nas recentes e diversas modificações do instituto, conceituaremos infiltração policial como o meio de obtenção de prova no qual o agente policial, voluntariamente e ocultando sua identidade, faz uso do engano para manter-se em ambiente criminoso (físico ou virtual) com a finalidade de obtenção de informações e outras fontes de prova para a apuração de infrações penais, que não puderam ser obtidas por outros meios.

2.3 Características fundamentais[116]

Mencionamos que o conceito que utilizaremos traz características fundamentais da infiltração. Dessa forma é possível sua desconstrução nos seguintes elementos: o sigilo da identidade; o engano; a qualidade de policial do agente; o âmbito de utilização da medida; a voluntariedade e a subsidiariedade.

a) Sigilo da identidade

A atividade do agente infiltrado pressupõe que ele faça parte de ambiente diverso daquele em que são realizadas as rotineiras investigações da polícia. Ele busca obter provas no interior de uma organização criminosa, muitas vezes formada por inúmeros integrantes, distribuídos em diversos níveis, aos quais ele deverá se mesclar para, ao mesmo tempo, alcançar o sucesso da investigação com o desmantelamento da organização e proteger a si mesmo.

Para tanto, uma característica em comum dos ordenamentos jurídicos analisados é a de que o agente tenha garantido o sigilo de sua identidade. Essa prática é extremamente necessária para a infiltração, principalmente no que tange à segurança do infiltrado, que atua sob constante pressão e risco de ser descoberto.

---

[116] Katharina Ott utiliza outra qualificação que traduziremos como "requisitos" (*Voraussetzungen*). Para a autora alemã, mais do que características distintivas, os requisitos apontados pela legislação visam garantir a limitação e razoabilidade da infiltração (OTT, Katharina. *Verdeckte Ermittlungen im Strafverfahren. Die deutsche Rechtordnung und die Rechtslage nach der EMRK in einer rechtsvergleichenden Betrachtung*. Frankfurt am Main: Peter Lang, 2008. p. 41).

Nesse sentido expõe Flávio Cardoso Pereira:[117]

O sigilo sobre a efetiva identidade do infiltrado representa uma *conditio sine qua non* para que se possa cumprir uma ação de infiltração no seio de determinada organização de delinquentes, com a finalidade fundamental de estabelecer uma relação de confiança e intimidade com os presumidos criminosos, que lhe permita obter informação que sirva para a persecução penal dos mesmos (tradução livre).

Também com razão afirma Isabel Oneto sobre a importância deste elemento na atuação do agente infiltrado:[118]

[...] o que distingue o agente infiltrado de todos os restantes funcionários da investigação criminal é também o facto de aquele poder actuar "com ocultação de sua qualidade e identidade". [...] Se assim não fosse, e o agente estivesse obrigado a deter em flagrante delito ou a identificar-se perante o traficante, nunca, por exemplo, o topo da cadeia hierárquica da rede de tráfico de estupefacientes seria atingido.

Na verdade, o sigilo não se limita à condição de policial do agente, deve também englobar tudo o que diga respeito à investigação, pois, ainda que o investigado não descubra quem é o agente, a descoberta a respeito de suas intenções o coloca em risco da mesma maneira.[119]

Importante destacar que uma nova identidade pode ser conferida ao agente para facilitar e proporcionar um melhor trabalho de investigação. As legislações de diversos países e a doutrina denominam esse mecanismo de identidade fictícia ou alterada.[120]

Quando tratamos da concessão da identidade fictícia não podemos deixar de explicar no que consistem operações policiais *light cover* e *deep cover* de infiltração, já que, dependendo da categoria em que a ação policial for classificada, poderemos ter ou não a autorização para mascarar a identidade do agente.

---

[117] "El secreto sobre la efectiva identidad del infiltrado representa una conditio sine quo non para que pueda cumplirse una acción encubierta de penetración en el seno de una determinada organización de delincuentes, con la finalidad fundamental de establecer una relación de confianza y intimidad con los presuntos delincuentes que le permita obtener información que sirva para la persecución penal de los mismos" (PEREIRA, Flávio Cardoso. *El agente infiltrado desde el punto de vista del garantismo procesal penal*. Curitiba: Juruá, 2013. p. 387).

[118] ONETO, Isabel. *O agente infiltrado:* contributo para a compreensão do regime jurídico das acções encobertas. Coimbra: Coimbra Ed., 2005. p. 142-143.

[119] ONETO, Isabel. *O agente infiltrado:* contributo para a compreensão do regime jurídico das acções encobertas. Coimbra: Coimbra Ed., 2005. p. 388.

[120] *Legende* no Código de Processo Penal alemão (§110ª, (2) do StPO) ou *identidad supuesta* na *Ley de Enjuiciamiento Criminal* (art. 282 bis da LECrim).

Essa categorização foi difundida pelo direito norte-americano e tem como principal critério o tempo de duração da investigação. Em princípio *light cover* é a operação cuja duração é inferior a 6 meses, enquanto *deep cover* é aquela com prazo superior. Contudo, mesmo que o critério principal seja o temporal, deve-se atentar para a profundidade da imersão do agente no ambiente criminoso,[121] pois as operações mais curtas tendem a criar um fardo menor para o agente, de modo que não é necessária sua total integração ao crime – um policial que oculta sua identidade e se passa por usuário de drogas (operação *buy/bust*), por exemplo –, ao contrário das investigações mais extensas, que alteram por completo a vida do policial, muitas vezes retirando-o do convívio com a família e outras relações e exigindo a construção de vínculos semelhantes com terceiros ligados ao ambiente criminoso.

Nesta última situação, vemos muito além do critério temporal. Há, de fato, uma maior necessidade de proteção do agente e de ferramentas que permitam sua imersão. Por esses motivos, a concessão de uma nova identidade normalmente[122] é utilizada apenas em infiltrações de longa duração,[123] [124] que apresentam maiores riscos à descoberta do agente e seus objetivos.[125]

---

[121] MARX, Gary T. *Undercover*: Police Surveillance in America. California: University of California Press, 1988. p. 85-86.

[122] A legislação nacional argentina (art. 31 *bis*, da Lei nº 24.424), embora preveja a utilização de uma identidade fictícia, não fixou prazo para sua concessão ou utilização (cf. RIQUERT. Marcelo A. El agente encubierto en el derecho penal argentino. In: AROCENA, Gustavo A.; BALCARCE, Fabián I.; CESANO, José D. *Tendencias modernas del derecho penal y procesal penal*: Libro homenaje a Enrique Bacigalupo. Buenos Aires: Hammurabi, 2013. p. 538-539).

[123] Discordando de autores como Fernando Gáscon Inchausti e Rócio Zafra Espinosa de los Monteros, Flávio Cardoso Pereira, no âmbito do art. 282 *bis* da LECrim, entende que a identidade alterada é indispensável a qualquer espécie de infiltração, não somente àquelas mais longas (PEREIRA, Flávio Cardoso. *El agente infiltrado desde el punto de vista del garantismo procesal penal*. Curitiba: Juruá, 2013. p. 390-391).

[124] O StPO, no dispositivo §110a estabelece que a Legende será conferida em longas infiltrações: "[...] II – Verdeckte Ermittler sind Beamte des Polizeidienstes, die unter einer ihnen verliehenen, auf Dauer angelegten, veränderten Identität (Legende) ermitteln. Sie dürfen unter der Legende am Rechtsverkehr teilnehmen" (os agentes infiltrados são funcionários a serviço da polícia que atuam sob uma identidade distinta (*Legende*) concedida de forma duradoura. E poderão realizar negócios jurídicos sob essa identidade). Previsão semelhante é encontrada no art. 282 *bis* (1) da LECrim: "[...] 1. La identidad supuesta será otorgada por el Ministerio del Interior por el plazo de seis meses prorrogables por períodos de igual duración, quedando legítimamente habilitados para actuar en todo lo relacionado con la investigación concreta y a participar en el tráfico jurídico y social bajo tal identidad". E no ordenamento jurídico português, no art. 5º, nº 1 e 2, do Regime Jurídico das Acções Encobertas (Lei nº 101/2001): "[...] 1. Para o efeito do n.º 2 do artigo 1.º, os agentes da polícia criminal podem actuar sob identidade fictícia."; "[...] 3. A identidade referida no número anterior é válida por um período de seis meses prorrogáveis por períodos de igual duração, ficando o funcionário de investigação criminal a quem a mesma for atribuída autorizado a, durante aquele período, actuar sob a identidade fictícia, quer no exercício da concreta investigação quer genericamente em todas as circunstâncias do tráfico jurídico e social."

[125] ESPINOSA DE LOS MONTEROS, Rocío Zafra. *El policía infiltrado*: los presupuestos jurídicos en el proceso penal español. Barcelona: Tirant lo Blanch, 2010. p. 69-70.

Qual seria, então, a extensão desta nova identidade? Evidente que não traria qualquer benefício à investigação se esta ação fosse resumida à alteração de nome do agente infiltrado, já que apresentaria o mesmo efeito que a simples ocultação de sua qualidade de policial.[126]

A identidade fictícia é muito mais do que isso. Para que tenha a maior eficiência, deverá contar com um aparato de justificação que lhe dê credibilidade, ou seja, o Estado deve trabalhar para construir um novo contexto social em que tudo que compõe a nova identidade (ex: profissão, propriedades, relacionamentos do agente) seja minimamente crível para possibilitar a ilusão da organização em que se pretende infiltrar.

Deve ser dada aparência de realidade ao papel desempenhado pelo agente, inclusive com a modificação de seus direitos e deveres. Por esse motivo Rocío Zafra Espinosa de los Monteros prefere dizer que o infiltrado age protegido por uma personalidade fictícia e não uma identidade.[127]

Na construção desta personalidade, é necessário que se coloquem à disposição do investigador tanto documentos relacionados à sua identificação como documentos que lhe confiram direitos – como ocorre com documentos representativos da propriedade de imóveis.

Essa necessidade tem ligação direta com a sofisticação das organizações criminosas, já que, por exemplo, procurando se infiltrar em um ambiente em que se exige certa profissionalização, como ocorre nos delitos empresariais, não bastaria a alteração do nome do infiltrado, que precisaria de outros elementos à sua disposição, como algum documento que comprove determinado grau de expertise e que justifique sua contratação pela empresa em investigação.

No mesmo sentido, para resguardar a permanência do agente no ambiente criminoso que é investigado, poderão ser conferidos ao agente até mesmo antecedentes criminais que coincidam com o foco de atuação dos membros da organização.

Conforme trata Monteros:[128]

---

[126] *Ibidem*.
[127] *Ibidem*, p. 71.
[128] "Bajo la cobertura de la identidad supuesta, y siempre que sea necesario para los fines de la investigación, podrá actuar en el tráfico jurídico y económico, para lo que se les deberá proporcionar los documentos acreditativos necesarios de esta nueva identidad. Así, el agente deberá contar con el respaldo documental que acrediten esta nueva identidad: DNI, pasaporte, permisso de conducir, incluso cuando sea necesario para salvaguardar los resultados de la investigación y garantizar la protección del agente, se le podrá proporcionar antecedentes penales y policiales necesarios según las actividades y

Sob a proteção da identidade alterada e sempre que seja necessário para os fins da invvestigação, o agente poderá atuar em atividades jurídicas e econômicas, para as quais deverão ser proporcionados os documentos necessários para convencimento a respeito dessa nova identidade. Assim, o agente deverá contar com o respaldo documental que comprovem essa nova identidade: RG, passaporte, CNH e, inclusive quando for necessário para assegurar o resultado da investigação e garantir a proteção do agente, poderão ser proporcionados antecedentes criminais necessários e segundo as atividades e características da organização, tudo com o objetivo de não levantar suspeitas (tradução livre).

Neste ponto andou muito bem o ordenamento jurídico alemão, que no §110a, III, do StPO expressamente prevê a possibilidade de confecção e alteração de documentos necessários para manutenção da identidade fictícia (*Legende*).[129] Dessa forma, tanto a segurança do agente como o sucesso da investigação podem ser protegidos com maior facilidade, já que, dependendo da desconfiança levantada pelo papel desempenhado pelo policial, a alteração rápida das características da identidade pode ser fundamental.[130]

Semelhante à legislação alemã, a lei italiana (*Legge* 146/06, art. 9, inciso V) traz a possibilidade, além da utilização de documentos para manter a ação coberta, de autorizar a utilização temporária de bens móveis e imóveis, ativação de *sites* e de áreas de comunicação em redes ou sistemas informáticos.[131]

No Brasil, em um primeiro momento (antes de 2017) o legislador optou pela via contrária aos demais países, pois remeteu a matéria do

---

características de la organización con el objetivo de no levantar sospechas" (ESPINOSA DE LOS MONTEROS, Rocío Zafra. *El policía infiltrado*: los presupuestos jurídicos en el processo penal español. Barcelona: Tirant lo Blanch, 2010. p. 71).

[129] "III – Soweit es für den Aufbau oder die Aufrechterhaltung der Legende unerläßlich ist, dürfen entsprechende Urkunden hergestellt, verändert und gebraucht werden" (Na medida em que seja imprescindível para configurar ou manter a *Legende*, poderão ser elaborados, modificados e utilizados os documentos correspondentes).

[130] Observe-se que a legislação alemã não prevê limites para a confecção destes documentos que asseguram o tráfico jurídico e social do agente, de forma que a doutrina se encarregou de traçá-los. Assim, muitos autores se inclinam em apontar a impossibilidade de alteração de livros e registros públicos (GUARIGLIA, Fabricio. *El agente encubierto*. Un nuevo protagonista en el procedimiento penal?. Disponível em: www.cienciaspenales.org. Acesso em: 05 maio 2015. p. 19).

[131] 5. "[...] Per l'esecuzione delle operazioni può essere autorizzata l'utilizzazione temporanea di beni mobili ed immobili, di documenti di copertura, l'attivazione di siti nelle reti, la realizzazione e la gestione di aree di comunicazione o scambio su reti o sistemi informatici, secondo le modalità stabilite con decreto del Ministro dell'interno, di concerto con il Ministro della giustizia e con gli altri Ministri interessati".

sigilo da identidade do agente ao art. 9º da Lei nº 9.807/99 (art. 14, inciso II, da Lei nº 12.850/13). Este dispositivo versa apenas sobre a alteração do nome de pessoas sob proteção e seus familiares (§1º), não conferindo abertura alguma à utilização de outros documentos ou medidas para manutenção dessa nova identidade.

A medida visa apenas à alteração do assento de nascimento daquele que pretende proteção, porém isso não é suficiente nem mesmo para assegurar o sigilo da própria modificação, já que em nosso ordenamento é prevista a publicidade dos registros públicos (artigos 16 e 17 da Lei nº 6.015/73[132]). Daí entendermos ser aplicável também ao agente infiltrado o disposto no art. 18 da mesma Lei de Registros Públicos, cuja redação foi dada pela Lei de Proteção a vítimas e testemunhas, que exige "despacho judicial" para o fornecimento de certidões.[133]

O dispositivo da Lei de organização criminosa (art. 14, inciso II, da Lei nº 12.850/13) ainda menciona que poderão ser utilizadas medidas de proteção a testemunhas. Acreditamos que esta menção está relacionada à própria remissão ao art. 9º, de forma que serviriam para garantir o êxito da alteração do nome. Ainda assim, contudo, entendemos não ser suficiente para a manutenção do sigilo da identidade do policial.

O art. 7º da Lei nº 9.807/99 estabelece as seguintes medidas protetivas:

I – segurança na residência, incluindo o controle de telecomunicações;

II – escolta e segurança nos deslocamentos da residência, inclusive para fins de trabalho ou para a prestação de depoimentos;

III – transferência de residência ou acomodação provisória em local compatível com a proteção;

IV – preservação da identidade, imagem e dados pessoais;

V – ajuda financeira mensal para prover as despesas necessárias à subsistência individual ou familiar, no caso de a pessoa protegida estar impossibilitada de desenvolver trabalho regular ou de inexistência de qualquer fonte de renda;

VI – suspensão temporária das atividades funcionais, sem prejuízo dos respectivos vencimentos ou vantagens, quando servidor público ou militar;

---

[132] Art. 16. "Os oficiais e os encarregados das repartições em que se façam os registros são obrigados: 1º a lavrar certidão do que lhes for requerido; 2º a fornecer às partes as informações solicitadas."
Art. 17. "Qualquer pessoa pode requerer certidão do registro sem informar ao oficial ou ao funcionário o motivo ou interesse do pedido".

[133] GÍDARO, Wagner Roby. *As medidas de proteção a vítimas, testemunhas e réus colaboradores como mecanismo de efetividade no processo penal*. 2010. 155 f. Dissertação (Mestrado em Direito) – Faculdade de Direito, Universidade de São Paulo, São Paulo, 2010. p. 94.

VII – apoio e assistência social, médica e psicológica;
VIII – sigilo em relação aos atos praticados em virtude da proteção concedida;
IX – apoio do órgão executor do programa para o cumprimento de obrigações civis e administrativas que exijam o comparecimento pessoal.

Dessas medidas, excetuadas as hipóteses de sigilo da própria investigação (inc. VIII) e proteção da imagem e dados (inc. IV), pois já previstas na Lei nº 12.850/13, apenas a segurança domiciliar, a escolta de familiares e protegidos, bem como ajuda financeira teriam alguma influência no sucesso da manutenção da identidade fictícia. Vale ressaltar, entretanto, que estas medidas agiriam apenas como incentivo moral ao infiltrado, que veria minimamente assegurada a proteção de seus entes queridos, porém, não apresentam capacidade de auxiliar no convencimento de terceiros, realidade na qual o agente conta apenas com a alteração de seu nome.

As alterações na matéria promovidas pelas leis nº 13.441/17 (art. 190-D) e nº 13.964/19 (art. 11, parágrafo único) indicam que na infiltração policial virtual será utilizada identidade fictícia como regra, de sorte que é irrelevante classificar a operação virtual em *deep* ou *light cover*, e que "*os órgãos de registro e cadastro público poderão incluir nos banco de dados próprios, mediante procedimento sigiloso e requisição da autoridade judicial, as informações necessárias à efetividade da identidade fictícia criada*".

Trata-se de consagração da importância da identidade fictícia para a realização da tarefa de obtenção de provas em ambiente criminoso, cuja manutenção não seria possível com a simples alteração do nome do agente, sem que qualquer outro mecanismo fosse colocado à disposição para sua proteção e de terceiros.

Embora o art. 190-D do ECA e o parágrafo único do art. 11 da Lei nº 12.850/13 permitam a alteração de dados para ampliar a eficiência da identidade fictícia, é importante apontar que o dispositivo aproveita apenas à modalidade virtual do meio de obtenção de prova. A redação da parte final do parágrafo único do artigo 11 da Lei nº 12.850/13 expressamente limita a inclusão de informações em bancos de dados dos órgãos de registros e cadastros públicos para consolidar a investigação realizada no âmbito virtual.

Dessa forma, identificamos que a timidez do legislador na alteração de ponto negativo existente na redação anterior da Lei nº 12.850/13 ainda persiste e praticamente inviabiliza a realização da infiltração policial em âmbito físico.

Outro ponto a respeito do sigilo que deve ser destacado, especialmente no tocante à identidade fictícia, é o de sua duração. Embora já tenhamos mencionado que normalmente a alteração de identidade tem aplicação apenas em investigações mais longas, os ordenamentos estudados, em sua maioria, estabelecem um prazo para utilização da identidade (e consequentemente todos os documentos a ela relacionados), que pode ser prorrogado dependendo da necessidade para a investigação.

Na Espanha, por exemplo, a identidade é outorgada pelo Ministério do Interior pelo prazo de 6 meses, que pode ser prorrogado indefinidamente e sempre pelo mesmo tempo (art. 282 bis, 1º, da LECrim).[134] O mesmo dispositivo ainda prevê que o agente poderá manter a identidade fictícia em juízo (art. 282 bis, 2º, da LECrim).[135]

Podemos dizer, então, que a utilização da identidade fictícia pode ultrapassar a duração da própria investigação, alongando-se até mesmo à fase de instrução processual.[136]

Flávio Cardoso Pereira vai ainda mais longe na análise do prazo de concessão da identidade e sua eficiência, pois ressalta que o agente desempenha um "papel" para convencer os integrantes das organizações criminosas, de sorte que o regime jurídico de cada país deveria

---

[134] Essa necessidade de se renovar a autorização para utilização da identidade é criticada por Maria Teresa Molina Pérez, que entende que, como as informações obtidas pelo agente devem ser transmitidas a quem autorizou a medida de investigação, seria preferível fixar como prazo final da identidade o término da investigação ou data até que fosse necessária sua manutenção (MOLINA PÉREZ, Maria Teresa. Técnicas especiales de investigación del delito: el agente provocador, el agente infiltrado y figuras afines (y II). In: Anuario Jurídico y Económico Escurialense, n. 42, Norteamérica, jan. 2012. Disponível em: http://www.rcumariacristina.net:8080/ojs/index.php/AJEE/article/view/78. Acesso em: 11 maio 2015. p. 166).

[135] Disposição semelhante também é encontrada no §110b, III, do StPO, que prevê a manutenção da Legende até depois de terminada a investigação. O dispositivo também menciona que a identidade fictícia será revelada, se necessário, ao membro do ministério público e à corte e, nos demais casos em que a revelação seja requisitada, a identidade é equiparada aos documentos e informações sigilosas do §96. "[...] III. Die Identität des Verdeckten Ermittlers kann auch nach Beendigung des Einsatzes geheimgehalten werden. Die Staatsanwaltschaft und das Gericht, die für die Entscheidung über die Zustimmung zu dem Einsatz zuständig sind, können verlangen, daß die Identität ihnen gegenüber offenbart wird. Im übrigen ist in einem Strafverfahren die Geheimhaltung der Identität nach Maßgabe des §96 zulässig, insbesondere dann, wenn Anlaß zu der Besorgnis besteht, daß die Offenbarung Leben, Leib oder Freiheit des Verdeckten Ermittlers oder einer anderen Person oder die Möglichkeit der weiteren Verwendung des Verdeckten Ermittlers gefährden würde".

[136] Este ponto será tratado com maior aprofundamento nos capítulos seguintes, sobretudo os conflitos que a manutenção do sigilo da identidade do policial cria para a oitiva do agente infiltrado como testemunha.

possibilitar a criação e utilização da identidade fictícia antes de seu efetivo emprego na investigação para adaptação do policial a essa figura.[137]
Parece-nos uma posição acertada, pois leva em conta que, repita-se, a identidade fictícia é muito mais do que um nome falso, é, na verdade, uma nova personalidade, com a qual o agente deve estar muito bem familiarizado. Caso o policial não tenha habilidade na utilização da identidade e suas vantagens, ele pode acabar comprometendo toda a investigação e sua segurança.
Tanto a Lei nº 12.850/13 como o ECA silenciam quanto ao momento em que será realizada a alteração de identidade, bem como qual é o órgão responsável por sua outorga. Entendemos que a efetivação deste direito (como menciona o *caput* do art. 14) deve se dar, portanto, em momento prévio à obtenção da autorização judicial, pois se trata de um pré-requisito para participação do agente policial na investigação, e se estenderá até eventual audiência de instrução e julgamento, ocasião na qual o infiltrado poderá ser chamado para depor sobre os detalhes da operação, confome o previsto no art. 14, inc. III, da Lei nº 12.850/13.[138] Além disso, a autorização da identidade será realizada pelo magistrado, porém sua concessão deverá ser realizada pela Secretaria de Segurança Pública no âmbito estadual ou pelo Ministério da Justiça no âmbito federal.[139]

b) Engano
Esta segunda característica guarda íntima relação com a primeira. Aliás, não seria exagero dizer que o sigilo da identidade é inalcançável sem a utilização do engano e da simulação pelo agente infiltrado.
Isso porque, como o objetivo da infiltração é a obtenção de fontes de prova a respeito de infrações penais, especialmente aquelas praticadas por organizações criminosas, é exigido que o agente conquiste a confiança de integrantes do meio criminoso sem denunciar sua condição de policial ou qualquer outro elemento da investigação, o engano é uma característica presente em qualquer atuação do agente infiltrado, representada em sua plenitude pela outorga da identidade fictícia.[140]

---

[137] PEREIRA, Flávio Cardoso. *El agente infiltrado desde el punto de vista del garantismo procesal penal*. Curitiba: Juruá, 2013. p. 389.
[138] Art. 14. São direitos do agente: "[...] III – ter seu nome, sua qualificação, sua imagem, sua voz e demais informações pessoais preservadas durante a investigação e o processo criminal, salvo se houver decisão judicial em contrário."
[139] FERRO, Ana Luiza Almeida; PEREIRA, Flávio Cardoso; GAZZOLA, Gustavo dos Reis. *Criminalidade organizada*: comentários à lei 12.850, de 02 de agosto de 2013. Curitiba: Juruá, 2014. p. 227.
[140] ESPINOSA DE LOS MONTEROS, Rocío Zafra. *El policía infiltrado*: los presupuestos jurídicos en el proceso penal español. Barcelona: Tirant lo Blanch, 2010. p. 73.

Esta característica, embora permitida pela maioria dos ordenamentos, suscita grandes discussões a respeito da violação de direitos e garantias fundamentais,[141] concentradas nos chamados métodos ocultos de prova.

Nas operações de infiltração o engano pode ser identificado em dois planos. No primeiro, diz respeito à ocultação da identidade do policial, que se materializa na simples omissão ou troca do nome do investigador, o que ocorre normalmente em operações de curta duração, ou com a utilização da identidade fictícia.

No segundo plano está a intenção do agente ao se relacionar com as pessoas investigadas.[142] Neste plano, o engano recai sobre a dissimulação do verdadeiro intuito do agente infiltrado – a reunião de informações para a apuração de delitos e desmantelamento da organização criminosa – que se aproxima do investigado e cria laços justamente para ocultar seu objetivo, aumentando as chances de sucesso da investigação.

Em relação a esta característica Flávio Cardoso Pereira acrescenta:[143]

> [...] o engano do qual se serve o Estado mediante a ação do agente infiltrado o permite alcançar determinadas facetas da intimidade das pessoas objeto da investigação e inclusive de pessoas que não ostentam a classificaçao de suspeitos ou acusados. Nesse contexto, o agente infiltrado convive e compartilha a intimidade do suspeito, tem acesso à informações familiares e pessoais que nunca teria se nãom tivesse ganho a sua confiança, ademáis, compartilha a mesa de jantar, bem como participa da vida privada e familiar dos suspeitos ou acusados (tradução livre).

Esses dois planos de aplicação do engano podem ser observados em todos os ordenamentos jurídicos estudados, já que é prevista a

---

[141] Cf. BRAUM, Stefan. La investigación encubierta como característica del proceso penal autoritario. *In*: ROMEU CASABONA, Carlos Maria. *La insostenible situación del Derecho Penal*. Granada: Comares, 2000. p. 9.

[142] ESPINOSA DE LOS MONTEROS, Rocío Zafra. *El policía infiltrado: Los presupuestos jurídicos en el processo penal español*. Barcelona: Tirant lo Blanch, 2010. p.73.

[143] "[...] el engaño de que se sirve el Estado a través del agente encubierto le permite acceder a determinadas facetas de la intimidad personal de las personas objeto de investigación e incluso de personas que no ostentan la cualidad de sospechosos o encausados. En este contexto, el agente infiltrado convive y comparte de la intimidad del sospecho, tiene acceso a las informaciones familiares y personales que nunca hubiera tenido se no ganase su confianza, ademáis, comparte la mesa de comida, comparte y accede a la vida privada e familiar del sospecho o sospechosos" (PEREIRA, Flávio Cardoso. *El agente infiltrado desde el punto de vista del garantismo procesal penal*. Curitiba: Juruá, 2013. p. 392).

utilização da identidade fictícia com o objetivo de ocultar o verdadeiro propósito do policial no ingresso na organização criminosa. Além disso funcionam como critério útil de diferenciação entre o agente infiltrado e outros sujeitos em investigações ocultas, como informantes ou criminosos arrependidos.[144]

A lei alemã traz ainda dispositivo,[145] salvo aquele relacionado à identidade fictícia, que consagra modalidade específica de utilização do engano. O §110c do StPO dispensa o agente infiltrado da obtenção de ordem judicial para realização de buscas domiciliares, desde que ele obtenha o consentimento do proprietário do local ao atuar sob uma identidade fictícia.[146]

Observe-se que neste dispositivo apenas o engano do proprietário do domicílio que advém da utilização da identidade alterada afasta a necessidade de mandado,[147] pois seria conferido ao agente uma espécie de direito de acesso. A mesma situação não ocorre, por exemplo, nas hipóteses em que a entrada no domicílio é obtida com utilização de violência ou outra forma de engano (o que caracterizaria a violação do §13 da Constituição alemã).[148]

Essa prática, como não é regulamentada, suscita grandes dúvidas acerca de sua possibilidade em outros países, o que depende do estudo do correspondente dispositivo constitucional a respeito da inviolabilidade do domicílio e até mesmo da inclinação jurisprudencial sobre o assunto.[149]

---

[144] "Este doble engaño, quebra en las infiltraciones sobrevenidas, em las que intervienen los confidentes y los arrependidos, pues en estos casos la identidad de estos sujetos es conocida por los membros de la organización. Em esta clase de actuaciones sólo existe engaño em cuanto a la verdadera intención de permanecer em la organización em el caso del arrependido; y de su ingreso em el caso del confidente" (ESPINOSA DE LOS MONTEROS, Rocío Zafra. *Op. cit.*, p. 74).

[145] §110c: "Verdeckte Ermittler dürfen unter Verwendung ihrer Legende eine Wohnung mit dem Einverständnis des Berechtigten betreten. Das Einverständnis darf nicht durch ein über die Nutzung der Legende hinausgehendes Vortäuschen eines Zutrittsrechts herbeigeführt werden. Im übrigen richten sich die Befugnisse des Verdeckten Ermittlers nach diesem Gesetz und anderen Rechtsvorschriften".

[146] Conforme veremos mais adiante, o agente infiltrado alemão (*Verdeckter Ermittler*) sempre atuará sob uma identidade fictícia, já que este é o principal critério elencado pela legislação para diferenciá-lo de outras figuras de investigação (*V-Mann, Lockspietzel* etc.).

[147] Grande parte da doutrina alemã – ex: Frister, Roxin, Nitz, Schneider e Hilger – filia-se à opinião de que este dispositivo é inconstitucional, pois viola o §13 da Constituição alemã (MEYER-GOßNER, Lutz. *Strafprozessordnung*. 51. ed. München: C.H.Beck, 2008. p. 419).

[148] OTT, Katharina. *Verdeckte Ermittlungen im Strafverfahren.* Die deutsche Rechtordnung und die Rechtslage nach der EMRK in einer rechtsvergleichenden Betrachtung. Frankfurt am Main: Peter Lang, 2008. p. 53.

[149] Fabrício Guariglia, tratando brevemente sobre a entrada em domicílios privados pelo agente infiltrado, estabelece que no ordenamento argentino esta prática não seria permitida, pois

O tratamento dado pelo direito brasileiro será analisado no Capítulo 4, no qual trataremos dos limites da infiltração policial e do aproveitamento das provas obtidas.

Podemos afirmar, por ora, que o engano certamente influi na restrição de direitos fundamentais. Vale dizer, essa característica é determinante para a classificação da infiltração como meio excepcional de pesquisa de prova e funciona como parâmetro para a utilização do postulado da proporcionalidade, já que a ação que extrapolar o engano permitido pela lei ao agente importará em violação de direitos fundamentais não abrangida pela excepcionalidade desta medida de investigação[150] e, por consequência, na ilicitude das provas que derivem desse engano.

c) Necessidade de que o agente seja policial

O sujeito que realiza a tarefa de investigação, para ser considerado um infiltrado propriamente dito, deve exercer uma função pública, de preferência deve ser alguém ligado ao quadro das forças de segurança.[151]

Isso ocorre porque a infiltração coloca o agente em situações nas quais existem diversos riscos para a investigação e para sua própria segurança – participações em crimes, rituais de iniciação das organizações etc. –, ou seja, o agente atua sob constante pressão e muitas vezes um particular (pessoa fora dos quadros policiais) poderia sucumbir e prejudicar todo o trabalho desenvolvido nas operações ocultas.

Por outro lado, policiais diariamente se envolvem em situações de risco e estão acostumados a lidar com elas, o que faz presumir um conhecimento prático sobre o processo penal e limitações de direitos fundamentais.[152] Dessa forma a necessidade de que o agente infiltrado seja um integrante das forças de segurança advém necessariamente da experiência com investigações e do preparo que estes sujeitos possuem, já que um particular poderia muito bem extrapolar os limites permitidos à atuação infiltrada.

---

violaria dispositivo constitucional, embora a jurisprudência tenha predileção em relação à legalidade da investigação em razão do consentimento do proprietário do domicílio (GUARIGLIA, Fabricio. *El agente encubierto*. Un nuevo protagonista en el procedimiento penal? Disponível em: www.cienciaspenales.org. Acesso em: 05 maio 2015. p. 30-31).

[150] PEREIRA, Flávio Cardoso. *El agente infiltrado desde el punto de vista del garantismo procesal penal*. Curitiba: Juruá, 2013. p. 393-394.

[151] Esta característica é tão importante que é praticamente unânime em diversos países como Alemanha, Espanha, Bélgica, Suíça, França, Itália, Chile, Argentina e outros (ESPINOSA DE LOS MONTEROS, Rocío Zafra. *El policía infiltrado*: los presupuestos jurídicos en el processo penal español. Barcelona: Tirant lo Blanch, 2010. p. 79).

[152] *Ibidem*.

Normalmente, a ação de infiltração para obtenção de provas é privativa da polícia judiciária, como ocorre na Itália,[153] Espanha[154] e Argentina.[155] Entretanto, os ordenamentos português[156] e alemão, ao contrário, possibilitam a realização da investigação por terceiros sob a supervisão da polícia judiciária.

Observe-se, porém, que essas previsões legislativas são completamente diversas, já que em Portugal o particular a serviço da polícia pode ser agente infiltrado, enquanto que na Alemanha esse terceiro fora dos quadros policiais recebe outra classificação, chamada de *V-Mann*.[157]

O *V-Mann* pode investigar, mas deve fazê-lo sem a utilização de identidade fictícia, que é atribuída apenas ao agente infiltrado

---

[153] O art. 9, comma 1, letra "a", da Lei nº 146, de 16 de março de 2006, estabelece que podem atuar como agentes infiltrados "[...] gli ufficiali di polizia giudiziaria dela polizia di stato, dell' Arma dei Carabinieri e del Corpo dela guardiã di finanza, appartenenti alle strutture specializatte o ala Direzione investigativa antimafia, nei limiti dele proprie competenze" (VENTURA, Nicoletta. *Le investigazioni under cover dela polizia giudiziaria*. Bari: Cacucci Editore, 2008. p. 14).

[154] Embora o art. 282 bis da LECrim exija expressamente a ligação do agente à polícia judiciária, este tema tem grande relevância em discussões no direito espanhol porque a definição de polícia contida na lei processual (art. 283) é demasiadamente antiga (século XIX) e traz um grande rol de pessoas que integrariam esse órgão de segurança. Por esse motivo, Adán Carrizo González-Castell entende mais acertada a opção pela definição de polícia judiciária contida no art. 1 do Real Decreto 769/1987 (GONZÁLEZ-CASTELL, Adán Carrizo. *La lucha contra la criminalidad organizada como reto de la justicia penal ante una sociedad globalizada: análisis comparado de la infiltración policial en las regulaciones española y portuguesa*. In: NEIRA PENA, Ana María (Coord.). *Los retos del poder judicial ante la sociedad globalizada*: Actas del IV Congreso Gallego de Derecho Procesal (internacional). La Coruña, 2 y 3 de junio de 2011, 2012. p. 341-342).

[155] "Es que mientras que en el orden nacional sólo puede actuar como agente encubierto un membro de las Fuerzas de Seguridad" (RIQUERT, Marcelo A. *El agente encubierto en el derecho penal argentino*. In: AROCENA, Gustavo A.; BALCARCE, Fabían I.; CESANO, José D. *Tendencias modernas del derecho penal y procesal penal*: libro homenaje a Enrique Bacigalupo. Buenos Aires: Hammurabi, 2013. p. 497). Carlos Enrique Edwards explica que nas discussões parlamentares em torno da Lei nº 24.424 chegou-se à conclusão que a expressão *"Fuerzas de Seguridad"* engloba tanto as forças de segurança (marinha etc.) como as polícias federal, provincial e aduaneiras (EDWARDS, Carlos Henrique. *El arrepentido, el agente encubierto y la entrega vigilada*: Modificación a la Ley de Estupefacientes. Análisis de la ley 34.424. Buenos Aires: Ad-Hoc, 1996. p. 61-64).

[156] A Lei das acções encobertas (Lei nº 101/201) em seu art. 2º define as acções encobertas como "aquelas que sejam desenvolvidas por funcionários de investigação criminal ou por terceiro actuando sob o controlo da polícia judiciária..." (ONETO, Isabel. *O agente infiltrado*: contributo para a compreensão do regime jurídico das acções encobertas. Coimbra: Coimbra Ed., 2005. p. 114-115).

[157] Segundo Stefan Braum, "El V-Mann no es ningún funcionário de Policía, sino una persona privada que trabaja para ella [...]" (BRAUM, Stefan. *La investigación encubierta como característica del proceso penal autoritario*. In: ROMEU CASABONA, Carlos Maria. *La insostenible situación del Derecho Penal*. Granada: Comares, 2000. p. 4). Já Lutz Meyer-Gossner vai mais além e, ao diferenciar o *V-Mann* do informante, estabelece que o primeiro atua habitualmente a mando da polícia, enquanto o informante colabora de forma esporádica (MEYER-GOßNER, Lutz. *Strafprozessordnung*. 51. ed. München: C.H.Beck, 2008. p. 413).

(*Verdeckter Ermittler*), e também não está amparado pela norma do §110c da StPO. Vale dizer, a classificação de agente infiltrado como abordamos anteriormente não pode ser empregada a terceiros que não sejam funcionários públicos da polícia (*polizeibeamte*), conforme se interpreta o §110a da StPO.

Curiosamente o legislador alemão permitiu uma figura de infiltração que não se enquadra no conceito de agente infiltrado, mas não previu nenhuma norma que a regulamente de forma específica,[158] de sorte que seu tratamento recai sob o regime jurídico comum das investigações (§161 e seguintes), mas as mesmas restrições à figura do §110a devem ser aplicadas.[159]

Assim, é possível notar que os ordenamentos estudados reconhecem a importância de que o agente policial ocupe o papel principal da infiltração, cuja vinculação ao Estado é fundamental para assegurar a manutenção da investigação e seu êxito.

No Brasil a polêmica a respeito do sujeito ativo da infiltração não versa sobre a utilização de particulares, mas sim sobre a possibilidade de investigação conferida a agentes de inteligência. Essa questão, entretanto, será abordada no capítulo seguinte, de modo que por enquanto apenas adiantaremos que a Lei de Organização Criminosa deu um fim à referida polêmica, ao trazer no art. 10 que a infiltração será realizada em investigação criminal por agentes de polícia.

Resta esclarecer, então, quem são os agentes de polícia destinatários da norma.

O art. 144 da Constituição da República Federativa do Brasil estabelece que a segurança pública será exercida pela polícia federal; polícia rodoviária federal; polícia ferroviária federal; polícias civis; polícias militares e corpos de bombeiros militares.

O mesmo dispositivo, contudo, tratando da investigação ou apuração de infrações penais,[160] limita os órgãos legitimados para

---

[158] MEYER-GOßNER, Lutz. *Strafprozessordnung*. 51. ed. München: C.H.Beck, 2008. p. 413.

[159] GUARIGLIA, Fabricio. *El agente encubierto. Un nuevo protagonista en el procedimiento penal?* Disponível em: www.cienciaspenales.org. Acesso em: 05 maio 2015. p. 18.

[160] Sobre a apuração de infrações pelas polícias, Cláudio Pereira de Souza Neto esclarece que "[...] A polícia de investigação realiza o trabalho de investigação criminal. Para investigar a prática de delitos, pode ouvir testemunhas, requisitar documentos, realizar perícias, interceptar comunicações telefônicas, entre outras medidas. Em sua maioria, tais medidas dependem de autorização judicial. (c) O texto constitucional distingue as funções de polícia judiciária e de investigação criminal. O já mencionado §1º do art. 144 atribui às polícias civis estaduais não só a função de 'polícia judiciária', mas também a de 'apuração de infrações penais'. Em relação à Polícia Federal, a Constituição chega a prevê-las em preceitos distintos. No inciso I do §4º, encarrega a PF de 'apurar infrações penais'. Já no inciso IV,

esse fim. Em regra, as ações de investigação são realizadas, segundo os parágrafos 1º e 4º do texto da norma constitucional, pelas polícias federal e civil.

Dessa forma, apenas os agentes das polícias federal e civil poderão atuar de modo infiltrado, sempre limitados à competência investigativa do órgão ao qual são subordinados (polícia federal atua no âmbito da União, enquanto as polícias civis operam nas esferas abaixo). Qualquer dúvida acerca dessa característica da infiltração policial acabou solucionada pelo Supremo Tribunal Federal ao julgar o HC nº 147.837, no qual foi reconhecida a ilicitude da investigação e, consequentemente, das provas obtidas pelo policial militar cedido às forças de segurança para trabalhar na Copa do Mundo de 2014 e que havia se infiltrado em grupo de manifestantes contrários à realização do evento. Confira-se:

> Habeas corpus. 2. Infiltração de agente policial e distinção com agente de inteligência. 3. Provas colhidas por agente inicialmente designado para tarefas de inteligência e prevenção genérica. Contudo, no curso da referida atribuição, houve atuação de investigação concreta e infiltração de agente em grupo determinado, por meio de atos disfarçados para obtenção da confiança dos investigados. 4. Caraterização de agente infiltrado, que pressupõe prévia autorização judicial, conforme o art. 10 da Lei 12.850/13. 5. Prejuízo demostrado pela utilização das declarações do agente infiltrado na sentença condenatória. 6. Viabilidade da cognição em sede de habeas corpus. 7. Ordem parcialmente concedida para declarar a ilicitude dos atos da infiltração e dos depoimentos prestados. Nulidade da sentença condenatória e desentranhamento de eventuais provas contaminadas por derivação. (HC nº 147.837/RJ, Rel. Min. Gilmar Mendes, 2ª TURMA, julgado em 26 de fevereiro de 2019, *DJE*, 26 jun. 2019).

d) Âmbito de utilização da medida

Outro ponto em comum nas legislações estudadas é o de que a atividade de investigação levada a cabo pelo agente infiltrado, por se tratar de uma medida extraordinária, deve encontrar limitação em um determinado rol de delitos ou ao âmbito de um diploma especial. Normalmente delitos ou legislação relacionados à criminalidade

---

confere-lhe, 'com exclusividade, as funções de polícia judiciária da União'. Cabe-lhes, portanto, além de investigar delitos, executar as diligências solicitadas pelos órgãos judiciais" (SOUZA NETO, Claudio Pereira de. Comentário ao artigo 144. *In*: CANOTILHO, J. J. Gomes *et al*. (Coord.). *Comentários à Constituição do Brasil*. São Paulo: Saraiva; Almedina, 2013. p. 3391).

organizada, tratada de forma específica ou mediante a criminalização de seus principais meios de ação.

Os ordenamentos alemão,[161] espanhol[162], português[163] e italiano[164] estabelecem um rol de delitos praticados por organizações criminosas

---

[161] O §110a do StPO estabelece que a infiltração poderá ser utilizada nas hipóteses em que existam indícios suficientes da ocorrência de crimes de considerável relevância, como: I) tráfico de entorpecentes ou de armas, falsificação de moeda ou documentos públicos; II) relacionados à proteção do Estado (§§74a e 120 da *Gerichtsverfassungsgesetzes*); III) praticados de forma profissional; IV) ou por um grupo ou outra forma de organização.

[162] O art. 282 *bis* da LECrim estabelece que "1. A los fines previstos en el artículo anterior y cuando se trate de investigaciones que afecten a actividades propias de la delincuencia organizada [...]" e ainda estabelece um rol de delitos que podem ser entendidos como atividades desenvolvidas por grupos organizados: "A los efectos señalados en el apartado 1 de este artículo, se considerará como delincuencia organizada la asociación de tres o más personas para realizar, de forma permanente o reiterada, conductas que tengan como fin cometer alguno o algunos de los delitos siguientes: a) Delito de secuestro de personas previsto en los artículos 164 a 166 del Código Penal. b) Delitos relativos a la prostitución previstos en los artículos 187 a 189 del Código Penal. c) Delitos contra el patrimonio y contra el orden socioeconómico previstos en los artículos 237, 243, 244, 248 y 301 del Código Penal. d) Delitos relativos a la propiedad intelectual e industrial previstos en los artículos 270 a 277 del Código Penal. e) Delitos contra los derechos de los trabajadores previstos en los artículos 312 y 313 del Código Penal. f) Delitos de tráfico de especies de flora o fauna amenazada previstos en los artículos 332 y 334 del Código Penal. g) Delito de tráfico de material nuclear y radiactivo previsto en el artículo 345 del Código Penal. h. Delitos contra la salud pública previstos en los artículos 368 a 373 del Código Penal. i) Delito de falsificación de moneda previsto en el artículo 386 del Código Penal. j) Delito de tráfico y depósito de armas, municiones o explosivos previsto en los artículos 566 a 568 del Código Penal. k) Delitos de terrorismo previstos en los artículos 571 a 578 del Código Penal. l) Delitos contra el Patrimonio Histórico previstos en el artículo 2.1.e de la Ley Orgánica 12/1995, de 12 de diciembre, de represión del contrabando.".

[163] Comentando as inovações do art. 2º da Lei nº 101/2001, Isabel Oneto descreve os crimes nos quais o agente infiltrado pode ser utilizado: "[...] além dos crimes de tráfico de estupefacientes e de substâncias psicotrópicas, do crime de corrupção e de criminalidade económico-financeira – agora previstos respectivamente nas alíneas j), l), m), n), o) e p) do artigo 2º. – o recurso ao agente infiltrado, numa acção encoberta, é também possível na prevenção e repressão do homicídio voluntário desde que o agente não seja conhecido (alínea a), crime contra a liberdade e contra a autodeterminação sexual a que corresponda, em abstracto, pena superior a 5 anos de prisão, desde que o agente não seja conhecido, ou sempre que sejam expressamente referidos ofendidos menores de 16 anos e outros incapazes (alínea b), tráfico e viciação de veículos furtados ou roubados (alínea c), escravidão, sequestro e rapto ou tomada de reféns (alínea d), organizações terroristas e terrorismo (alínea e), captura ou atentado à segurança de transporte por ar, água, caminho-de-ferro ou rodovia a que corresponda, em abstracto, pena igual ou superior a 8 anos de prisão (alínea f), crimes executados com bombas, granadas, matérias ou engenhos explosivos, armas de fogo e objetos armadilhados, armas nucleares, químicas ou radioativas (alínea g), roubo em instituições de crédito, repartições da Fazenda Pública e correios (alínea h), associações criminosas (alínea i), contrafação de moeda, títulos de crédito, valores selados, selos e outros valores equiparados ou a respectiva passagem (alínea q) e, finalmente, crimes cometidos no âmbito do mercado de valores mobiliários (alínea r)" (ONETO, Isabel. *O agente infiltrado*: contributo para a compreensão do regime jurídico das acções encobertas. Coimbra: Coimbra Ed., 2005. p. 115).

[164] Legge nº 146/06, art. 9, (a): "gli ufficiali di polizia giudiziaria della Polizia di Stato, dell'Arma dei carabinieri e del Corpo della guardia di finanza, appartenenti alle strutture specializzate o alla Direzione investigativa antimafia, nei limiti delle proprie competenze,

e indicam que a infiltração será realizada na apuração destas ações específicas. Isso acontece para facilitar o controle na utilização deste meio especial de obtenção de prova, na medida em que a adoção de um "catálogo" de delitos esclarece alguns limites ao agente e aos próprios responsáveis pela escolha de sua utilização.

Adán Carrizo,[165] analisando as diferenças entre o regime jurídico da infiltração policial na Espanha e em Portugal, estabelece que entre esses dois sistemas (e podemos aproveitar essa manifestação para o sistema alemão):

> [...] A diferença fundamental entre ambas as regulamentações é que a lei española exige a prática de delitos que estejam no âmbito da delinquência organizada, enquanto a legislação portuguesa amplia a finalidade de utilização dessa técnica não apenas ao âmbito da investigação, mas também da prevenção dessa espécie de delito (tradução livre).

Por outro lado, a lei argentina nº 24.424, no art. 31 *bis*, traz a informação de que os agentes das forças de segurança poderão agir de modo

---

i quali, nel corso di specifiche operazioni di polizia e, comunque, al solo fine di acquisire elementi di prova in ordine ai delitti previsti dagli articoli 648-*bis* e 648-*ter* nonchè nel libro II, titolo XII, capo III, sezione I, del codice penale, ai delitti concernenti armi, munizioni, esplosivi, ai delitti previsti dall'articolo 12, commi 3, 3-*bis* e 3-*ter*, del testo unico delle disposizioni concernenti la disciplina dell'immigrazione e norme sulla condizione dello straniero, di cui al decreto legislativo 25 luglio 1998, n. 286, nonchè dall'articolo 3 della legge 20 febbraio 1958, n. 75, anche per interposta persona, danno rifugio o comunque prestano assistenza agli associati, acquistano, ricevono, sostituiscono od occultano denaro, armi, documenti, stupefacenti, beni ovvero cose che sono oggetto, prodotto, profitto o mezzo per commettere il reato o altrimenti ostacolano l'individuazione della loro provenienza o ne consentono l'impiego".

Este dispositivo, além de prever os delitos que poderão ser investigados pela tarefa de infiltração, também funciona como *lex generalis* nessa matéria. *Lex generalis* porque o art. 9 da Lei nº 146/2006 apenas não revogou as infiltrações disciplinadas nas leis de combate ao tráfico (art. 97) e Lei nº 269/98 (art. 14, incs. I, II e III), esta última relacionada à prostituição e pornografia infantil e turismo sexual de menores (cf. BORTOLIN, Cristiana. Operazioni Sotto Copertura e Giusto Processo. *In:* BALSAMO, Antonio; KOSTORIS, Roberto E. *Giurisprudenza Europea e Processo Penale Italiano*. Torino: G. Giappichelli Editore, 2008. p. 406-407).

[165] "[...] la diferencia fundamental entre ambas regulaciones es que la Ley española exige que la comisión de los de esos delitos se haya realizado en el ámbito de la delincuencia organizada y que la legislación portuguesa amplía la finalidad de la utilización de esta técnica no solo al ámbito de la investigación, sino también de la prevención, de ese tipo de delitos" (GONZÁLEZ-CASTELL, Adán Carrizo, La lucha contra la criminalidad organizada como reto de la justicia penal ante una sociedad globalizada: análisis comparado de la infiltración policial en las regulaciones española y portuguesa. *In:* NEIRA PENA, Ana María (Coord.). *Los retos del poder judicial ante la sociedad globalizada*: Actas del IV Congreso Gallego de Derecho Procesal (internacional). La Coruña, 2 y 3 de junio de 2011, 2012. p. 342).

secreto, encoberto, para apurar a comissão dos delitos previstos no mesmo diploma, que regula a proibição dos entorpecentes, bem como no art. 866 do Código Aduaneiro, que regula a repressão da violação às leis aduaneiras de importação e exportação quando relacionada ao tráfico de estupefacientes. Com isso, podemos observar que, ao contrário dos regimes europeus, que buscam uniformizar o tratamento do agente infiltrado em observância aos diplomas internacionais de combate ao crime organizado, os legisladores argentinos foram mais contidos ao disciplinarem o âmbito de atuação dos agentes infiltrados e, ainda que o tráfico de drogas seja uma das principais condutas realizadas por organizações criminosas, preferiram não vincular esse meio de obtenção de prova à investigação desta espécie de criminalidade.

A legislação brasileira, em regra, não estabeleceu uma carta de delitos, ao contrário, optou por uma previsão com maior grau de generalidade, de modo que a Lei nº 12.850/13 nasceu com grande escopo de aplicação.

Vejamos, o art. 10, §2º, do referido diploma estabelece o contexto no qual será admitida a infiltração: "será admitida a infiltração se houver indícios de infração penal de que trata o art. 1º [...]".

Portanto, para delimitarmos o âmbito de utilização deste meio de obtenção de prova, devemos analisar o art. 1º da respectiva lei. Este dispositivo destaca que o diploma visa conceituar organização criminosa,[166] bem como dispõe sobre "a investigação criminal, os meios de obtenção de prova, infrações penais correlatas e o procedimento criminal a ser aplicado".

---

[166] Relembramos que a ausência de um conceito de organização criminosa ou de crime organizado por muitos anos representou grande discussão na doutrina brasileira. Contudo, nesta seara não há como se buscar absoluta exatidão sob pena de se engessar o conceito e torná-lo inaplicável. Já se procurou utilizar o conceito conferido pela Convenção das Nações Unidas Contra o Crime Organizado Transnacional (Convenção de Palermo), na qual é prevista a figura do grupo criminoso organizado sob o seguinte conceito: "grupo estruturado de três ou mais pessoas, existente há algum tempo e atuando concertadamente com o propósito de cometer uma ou mais infrações graves ou enunciadas na presente Convenção, com a intenção de obter, direta ou indiretamente, um benefício econômico ou outro benefício material". Segundo Mendroni, nem mesmo esse conceito extremamente aberto está impedido de tornar-se obsoleto de um dia para o outro. Para o autor "o dispositivo legal teria na verdade que abranger todas as hipóteses de infrações penais praticadas por uma organização criminosa, como, por exemplo, extorsões, ameaças, homicídios, sequestros, roubos de carros e cargas, receptação, tráfico ilícito de entorpecentes, os diversos crimes contra a administração pública, lavagem de dinheiro, exploração de jogos ilegais e crimes dela decorrentes, crimes fiscais, etc., todos muito evidentes na realidade de nosso país" (MENDRONI, Marcelo Batlouni. *Crime organizado*: aspectos gerais e mecanismos legais. 5 ed. São Paulo: Atlas, 2015. p. 20).

Destaca-se que o objetivo deste trabalho não é analisar detalhadamente o conceito de organização criminosa, entretanto, é necessário algum estudo sobre este ponto para melhor compreendermos os limites da infiltração policial.

Segundo o parágrafo 1º do mencionado dispositivo:

> Considera-se organização criminosa a associação de 4 (quatro) ou mais pessoas estruturalmente ordenada e caracterizada pela divisão de tarefas, ainda que informalmente, com o objetivo de obter, direta ou indiretamente, vantagem de qualquer natureza, mediante a prática de infrações penais cujas penas máximas sejam superiores a 4 (quatro) anos, ou que sejam de caráter transnacional.

Diferentemente do conceito previsto na lei anterior (Lei nº 12.694 de 24 de julho de 2012),[167] o novo dispositivo dá maior ênfase à gravidade das ações perpetradas por organizações criminosas. Isso é observado na opção legislativa de condicionar a tipificação das organizações criminosas à prática de infrações penais cuja pena seja superior a 4 anos, retirando, portanto, o termo "igual" do conceito. Esse dado apresenta grande relevância, sobretudo se considerarmos que a prática de infração com pena igual a 4 anos ainda permite a fixação de regime inicial aberto para cumprimento de pena, bem como substituição por restritivas de direitos[168] e prazo prescricional menor.

Qual é, então, o âmbito de permissão para a utilização da infiltração policial?

Inicialmente, deve-se ter notícia de um grupo de quatro ou mais pessoas estruturalmente organizadas.[169] Não basta a simples reunião

---

[167] Art. 2º: "Para os efeitos desta Lei, considera-se organização criminosa a associação, de 3 (três) ou mais pessoas, estruturalmente ordenada e caracterizada pela divisão de tarefas, ainda que informalmente, com objetivo de obter, direta ou indiretamente, vantagem de qualquer natureza, mediante a prática de crimes cuja pena máxima seja igual ou superior a 4 (quatro) anos ou que sejam de caráter transnacional."

[168] BITENCOURT, Cezar Roberto; BUSATO, Paulo César. *Comentários à Lei de Organização Criminosa* – Lei n. 12.850/2013. São Paulo: Saraiva, 2014. p. 24-25.

[169] Discute-se se para a caracterização do crime de organização criminosa estaria o agente infiltrado incluído no número de integrantes. Entendemos que não, pois a autorização para a infiltração (conforme veremos mais adiante) pressupõe a prévia constatação da existência da organização criminosa (art. 10, §2º, da Lei nº 12.850/13). São adeptos desta posição Rogério Sanches Cunha e Ronaldo Batista Pinto (CUNHA, Rogério Sanches; PINTO, Ronaldo Batista. *Crime Organizado*: comentários à nova lei sobre o crime organizado – Lei nº 12.850/2013. Salvador: Juspodivm, 2014. p. 17-18), Renato Brasileiro de Lima (LIMA, Renato Brasileiro de. *Legislação Criminal Especial Comentada*. 2. ed. Salvador: Juspodivm, 2014. p. 484) e Luiz Flávio Gomes (GOMES, Luiz Flávio. *Organizações criminosas e técnicas especiais de investigação: questões controvertidas, aspectos teóricos e práticos e análise da Lei 12.850/2013*.

do número de pessoas exigido pelo dispositivo com a finalidade de praticar infrações penais (portanto não apenas crimes), para que esteja caracterizada a organização criminosa. Para a satisfação deste requisito, deve existir uma organização propriamente dita. O próprio tipo penal estabelece como será feita essa identificação, através da constatação da divisão de tarefas entre os membros da organização, ainda que de modo informal. Este é o dado que diferencia a organização criminosa da associação criminosa (art. 288, do Código Penal).

Segundo Bitencourt e Busato:

> [...] sob o império da Lei n. 12.850/2013, a estrutura central da essência do crime de *organização criminosa* (art. 2º) reside na consciência e vontade de os agentes organizarem-se estruturalmente ordenados e com clara divisão de tarefas, com o fim especial de obter vantagem de qualquer natureza, mediante a prática de crimes graves (pena superior a quatro anos).

Alertamos, contudo, que a divisão de tarefas da organização deve vir acompanhada de requisitos não previstos no tipo penal, a estabilidade e a permanência. A ausência destes dois elementos, clássicos indicativos da ação de organizações criminosas, transforma a ação em simples coautoria.[170]

Inclusive, a Convenção de Palermo ao definir "grupo estruturado" consagra esses dois elementos: "Grupo formado *de maneira não fortuita* para a prática imediata de uma infração, ainda que os seus membros não tenham funções formalmente definidas, que não haja continuidade na sua composição e que não disponha de uma estrutura elaborada".

Constatada, então, a existência do grupo organizado, nossa atenção deve se voltar para o leque de infrações praticadas por ele.

O dispositivo, conforme delineado acima, estabelece que a organização criminosa deve ser constituída com a finalidade de praticar infrações penais cuja pena cominada exceda quatro anos de reclusão.

Além disso, o parágrafo segundo do art. 1º da Lei nº 12.850/13 traz uma norma de extensão, aplicando o conteúdo da lei também

---

Salvador: Juspodivm, 2015. p. 58-59). Em sentido contrário, cf. NUCCI, Guilherme de Souza. *Leis Penais e Processuais Penais Comentadas* – volume 2. 7. ed. São Paulo: Revista dos Tribunais, 2013. p. 96.

[170] Cf. GOMES, Luiz Flávio. *Organizações criminosas e técnicas especiais de investigação*: questões controvertidas, aspectos teóricos e práticos e análise da Lei 12.850/2013. Salvador: Juspodivm, 2015. p. 60-61.

às hipóteses de prática de infrações de caráter transnacional e por organizações terroristas, independentemente da quantidade de pena cominada. O dispositivo dá, portanto, atenção às infrações previstas em tratados e convenções internacionais recepcionados pelo Brasil, bem como às ações tipificadas como atos de terrorismo na Lei nº 13.260 de 16 de março de 2016.[171]

Segundo a "Lei Antiterrorismo", terrorismo é a prática de atos "por razões de xenofobia, discriminação ou preconceito de raça, cor, etnia e religião, quando cometidos com a finalidade de provocar terror social ou generalizado, expondo a perigo pessoa, patrimônio, a paz pública ou a incolumidade pública" (art. 2º, *caput*). Os atos de terrorismo são aqueles descritos nos incisos I, IV e V do §1º da referida legislação, sempre que verificada a finalidade trazida pelo *caput* do artigo.

Não temos por aqui a pretensão de analisar os tipos penais trazidos pela "Lei Antiterrorismo", porém, ressaltamos novamente que com mais essa extensão promovida pela Lei nº 12.850/13 é perceptível a grande amplitude conferida ao conceito de organização criminosa. A técnica legislativa utilizada se afasta dos ordenamentos estudados, que optaram pela elaboração da carta de delitos voltada especificamente para a autorização da infiltração policial.

Assim, observamos que nos países estudados houve uma atenção especial ao caráter altamente invasivo da infiltração policial, o que não houve, ao menos em um primeiro momento, por aqui. Destaca-se que, caso esgotados os demais meios de obtenção de prova, a infiltração seria admitida na hipótese de qualquer infração cuja pena seja superior a 4 anos de reclusão, desde que não prevista em tratado ou convenção, hipótese na qual está levantada a limitação da quantidade de pena.

Trata-se, sem dúvida, de previsão altamente genérica (mais do que aquela do ordenamento português) e que não levou em consideração o nível de ingerência em direitos fundamentais dos meios

---

[171] Antes da edição da Lei nº 13.260/16, o dispositivo era redigido da seguinte forma: "§2º Esta Lei se aplica também: [...] II – às organizações terroristas internacionais, reconhecidas segundo as normas de direito internacional, por foro do qual o Brasil faça parte, cujos atos de suporte ao terrorismo, bem como atos preparatórios ou de execução de atos terroristas, ocorram ou possam ocorrer em território nacional.".
Esclarecendo a aplicação da lei às ações perpetradas por organizações terroristas no contexto da redação anterior, Ana Luiza Almeida Ferro afirma que tanto essas como as organizações criminosas integram o conceito de macrocriminalidade ou criminalidade de alto dano social, de sorte que, por apresentarem estrutura complexa compõem o conceito de organizações criminosas *lato sensu* (FERRO, Ana Luiza Almeida; PEREIRA, Flávio Cardoso; GAZZOLA, Gustavo dos Reis. *Criminalidade organizada*: comentários à lei 12.850, de 02 de agosto de 2013. Curitiba: Juruá, 2014. p. 36).

de obtenção de prova mencionados no art. 3º da lei, especialmente a infiltração policial, pois, teoricamente, esta poderá ser autorizada para a apuração de delitos cuja gravidade não justifique as violações que poderão surgir com a sua utilização.[172] Curiosamente, com a edição da Lei nº 13.441/17, o *caput* do artigo 190-A do ECA apresentou outra técnica legislativa, indicando um catálogo de crimes relacionados à liberdade sexual de crianças e adolescentes nos quais é possível a utilização da infiltração policial virtual. Confira-se:

> Art. 190-A. A infiltração de agentes de polícia na internet com o fim de investigar os crimes previstos nos arts. 240, 241, 241-A, 241-B, 241-C e 241-D desta Lei e nos arts. 154-A, 217-A, 218, 218-A e 218-B do Decreto-Lei nº 2.848, de 7 de dezembro de 1940 (Código Penal) [...]

Posteriormente, com a edição da Lei nº 13.964/19 (Lei Anticrime), o rol de delitos que admitem a utilização da infiltração policial aumentou novamente, uma vez que o art. 8º acrescentou o §6º ao art. 1º da Lei nº 9.613/98, permitindo a autorização para a apuração do delito de lavagem de capitais.

Acreditamos que a opção por um catálogo de infrações, técnica existente na maioria dos ordenamentos jurídicos afigura-se mais adequada. Entretanto, embora se possa concluir que essa técnica permeou a intenção do legislador, não se enxerga a finalidade de limitar a utilização de um meio de obtenção de prova tão invasivo, principalmente nas recentes alterações legislativas mencionadas acima, que tratam da autorização da infiltração policial para apuração de delitos praticados por um único agente.

e) Subsidiariedade e voluntariedade

A infiltração, por se tratar de um meio extraordinário de busca de prova, deve ser utilizada com muita cautela, ainda mais

---

[172] São inúmeras as situações hipotéticas que podem ser formuladas. Imaginemos a autorização da infiltração de um policial em um grupo organizado, formado por mais de quatro batedores de carteiras, que age na região central de São Paulo. Nesse contexto, todos os requisitos exigidos para a caracterização da organização criminosa estão presentes, o número de integrantes, o intuito de obter vantagem advinda de uma infração penal cuja pena cominada seja superior a 4 anos de reclusão (ao furto qualificado pela destreza é cominada a pena de 2 a 8 anos de reclusão e multa). Questionamos se seria proporcional a utilização da infiltração policial para a apuração de delitos que provavelmente seriam reprimidos com reclusão em regime aberto e, dependendo das circunstâncias, até mesmo com a fixação de penas restritivas de direitos.

se considerarmos a já mencionada grande ingerência em direitos fundamentais. Tamanho é o dano que esta forma de investigação pode causar a terceiros, que os ordenamentos jurídicos trazem uma "cláusula de subsidiariedade", estabelecendo que a infiltração será utilizada somente nas hipóteses em que não tenha sido possível obter o elemento de prova desejado por outra forma.

Este é o caso, por exemplo, do §110a, III, do StPO. Este dispositivo trata não só da impossibilidade de obtenção da prova mediante outros meios menos gravosos a direitos fundamentais, mas também da hipótese na qual se constate dificuldade para alcançar o resultado pretendido com estes meios. A legislação argentina, por sua vez, também optou por previsão semelhante e no art. 31 bis traz a expressão "si las finalidades de la investigación no pudieran ser logradas de otro modo".[173]

Outros ordenamentos[174] que não trazem tal cláusula de forma expressa geralmente reconhecem a natureza subsidiária da infiltração tratando de sua excepcionalidade e estabelecendo que o agente infiltrado poderá realizar outras ações que flexibilizem direitos fundamentais na obtenção de provas, como interceptações telefônicas.[175]

Na Lei nº 12.850/13 e no ECA, os legisladores brasileiros acertaram ao trazerem previsão semelhante àquela dos ordenamentos alemão e argentino. O art. 10, §2º, segunda parte, da primeira legislação estabelece que somente será admitida a infiltração se "a prova não puder ser produzida por outros meios disponíveis". Tal redação também está presente no parágrafo 3º do art. 190-A do ECA e é importante salientar que esse dispositivo corrige erro técnico existente na lei de criminalidade organizada, pois a prova não será produzida pela infiltração, mas sim obtida – conforme aprofundamos no Capítulo 1.

Considerando esses dispositivos, então, afirmamos que o legislador reconheceu que dentre os meios de obtenção de prova colocados à

---

[173] Cf. RIQUERT, Marcelo. El agente encubierto en el derecho penal argentino. In: AROCENA, Gustavo A.; BALCARCE, Fabián I.; CESANO, José D. Tendencias modernas del derecho penal y procesal penal: Libro homenaje a Enrique Bacigalupo. Buenos Aires: Hammurabi, 2013. p. 491.

[174] Crítica antiga da doutrina portuguesa é a falta de previsão da excepcionalidade da infiltração em face de outras técnicas de investigação que conflitam com direitos fundamentais. Dentre os ordenamentos analisados, trata-se do único regime de infiltração que contém essa lacuna (cf. GONZÁLEZ-CASTELL, Adán Carrizo. La lucha contra la criminalidad organizada como reto de la justicia penal ante una sociedad globalizada: análisis comparado de la infiltración policial en las regulaciones española y portuguesa. In: NEIRA PENA, Ana María (Coord.). Los retos del poder judicial ante la sociedad globalizada: Actas del IV Congreso Gallego de Derecho Procesal (internacional). La Coruña, 2 y 3 de junio de 2011, 2012. p. 344).

[175] Como ocorre no art. 282 bis, III, da LECrim.

disposição pelo art. 3º da Lei nº 12.850/13, a infiltração é aquele que deve ser utilizado apenas em último caso, pois representa maior vulneração a direitos fundamentais. Vale dizer, não se desconhece a existência de previsão semelhante em outras leis que tratam de outros meios de obtenção de prova, como a lei de interceptação telefônica (art. 2º, inciso II, da Lei nº 9.296/96), porém, como a lei de criminalidade organizada menciona, basicamente, todos os meios de obtenção de provas em seu artigo 3º e elege a infiltração policial como a última opção dentre eles, entendemos que essa é subsidiária no sistema processual penal brasileiro.

Outra característica importante da infiltração que verificamos em alguns ordenamentos jurídicos – como o espanhol e o português – é previsão expressa da necessidade de que o agente aceite voluntariamente participar da investigação,[176] já que não seria razoável que o policial fosse obrigado a integrar operações perigosas que colocam não só a sua integridade física, mas também a de seus familiares e de pessoas de seu círculo social em risco. Segundo Flávio Cardoso Pereira:[177]

> De qualquer forma, nenhum agente estatal, por mais especializado e qualificado que seja, está obrigado a atuar como infiltrado. Essa disposição se justifica pela natureza árdua do trabalho que será executado pelo agente infiltrado. Não se trata apenas de exercer uma profissão, mas sim de abdicar de sua vida e de suas relações pessoais para se fazer passar por outra pessoa. E o que é pior, por uma pessoa envolvida no mundo da criminalidade, onde os riscos inerentes são enormes. Não seria razoável que as autoridades policial e judicial pudessem determinar que um concreto agente de polícia realizasse a infiltração contra sua vontade (tradução livre).

Além de não ser uma medida razoável em relação à segurança do policial e de terceiros, a designação forçada do agente para a tarefa de infiltração poderia custar a investigação, na medida em que o principal

---

[176] Art. 282 bis, III, da LECrim e art. 3º, 2., da Lei nº 101/2001 (Lei das acções encobertas).

[177] "En cualquier caso, ningún agente estatal, por más especializado y cualificado que sea, está obligado a actuar como infiltrado. Tal disposición se justifica por la naturaliza ardua del trabajo a ser ejecutado por el agente encubierto. No se trata solo de ejercer una profesión, sino abdicar de su vida y de sus relaciones personales para hacerse pasar por otra persona. Y lo que es peor, por una persona involucrada en el mundo de la criminalidad donde los riesgos inherentes son enormes. No sería razonable que los mandos policiales o el juez pudieran determinar que un concreto agente de policía realizara tal función contra su voluntad" (PEREIRA, Flávio Cardoso. *El agente infiltrado desde el punto de vista del garantismo procesal penal*. Curitiba: Juruá, 2013. p. 406).

responsável pela colheita das fontes de prova contra as ações da organização criminosa não realizaria sua função de forma satisfatória.[178] Portanto, normalmente se exige a anuência do policial, concordando com a designação, para que possa atuar de forma infiltrada e preferencialmente que essa anuência se dê de forma escrita.[179]

O ordenamento jurídico brasileiro reconheceu no art. 14, inc. I, da Lei nº 12.850/13, que é um direito do infiltrado recusar ou fazer cessar a sua atuação na investigação. Entendemos que por se tratar de recusa ou desistência de um ato oficial, razoável que se dê na forma escrita.

Destaca-se, ainda, que, embora tal direito não tenha sido contemplado pela alteração legislativa do ECA, essa previsão tem natureza geral na infiltração policial, pois tutela garantia de segurança e liberdade de escolha do agente policial e representa característica fundamental de seu conceito, devendo ser aplicada em qualquer hipótese de utilização desse meio de obtenção de prova, tanto em ambiente físico como virtual.

---

[178] ESPINOSA DE LOS MONTEROS, Rocío Zafra. *El policía infiltrado*: los presupuestos jurídicos en el processo penal español. Barcelona: Tirant lo Blanch, 2010. p. 80.
[179] *Ibidem*, p. 75.

CAPÍTULO 3

O AGENTE INFILTRADO E FIGURAS SEMELHANTES

3.1 Introdução

As considerações precedentes serviram para estabelecer os principais pontos a respeito do conceito de infiltração policial utilizado pela Lei nº 12.850/13 e iniciar o estudo deste complexo meio de obtenção de prova. Contudo, no universo dos denominados métodos ocultos de prova podemos nos deparar com certas dificuldades em identificar, especialmente em casos concretos, a exata figura em uso.

Sem dificuldade podemos imaginar a seguinte situação hipotética: um policial pretende infiltrar-se na camada mais superficial de uma determinada organização criminosa participando de uma pequena venda de drogas, para tanto recebe informações a respeito da transação ilícita de um terceiro já inserido neste meio criminoso e de um integrante que optou por colaborar com as investigações fornecendo dados sobre seus comparsas. Observe-se que apenas nesta pequena narrativa identificamos três figuras muito diferentes, mas que realizam a mesma tarefa de obtenção de prova.

Ou seja, aquele que exerce a atividade de infiltração é o denominado agente infiltrado, porém em diversas situações durante uma investigação sua função pode ser confundida com a de outras figuras, como o informante ou o colaborador, que normalmente atuam concomitantemente no mesmo ambiente criminoso. Sobre este ponto, podemos destacar também a dificuldade prática em se delimitar se o policial age buscando apenas a descoberta de fontes de prova ou, ultrapassando os limites impostos à sua atuação, se rende à provocação de delitos.

Além disso, não trataremos neste trabalho da figura americana do policial infiltrado (*undercover agent*) como correspondente àquele que realiza a infiltração policial nos moldes propostos pela legislação brasileira e dos outros países estudados.

Não nos olvidemos que todas essas figuras têm a mesma origem, o *agent provocateur*. Conforme já tratado, este possuía diversas funções e modos de atuação, daí afirmarmos que as diversas semelhanças entre o agente infiltrado e as demais figuras que serão estudadas nada mais são do que formas aprimoradas e permitidas das referidas funções.

As distinções entre as figuras serão reveladas com fundamento principalmente nas características que compõem o conceito estabelecido no capítulo pretérito. Deste modo, colocaremos em contraste os conceitos e demonstraremos que figuras parecidas e outras até mesmo consideradas equivalentes por grande parte da doutrina (*undercover agent*) não reúnem todos os pontos que caracterizam uma infiltração policial.

Assim, iniciaremos nosso estudo por uma ordem crescente de semelhanças, partiremos da comparação com as figuras que apresentam menor número de pontos em comum (colaborador e informante) e seguiremos para aquelas com maior proximidade ao agente infiltrado, o agente de inteligência, o agente provocador e o *undercover agent*.

3.2 Informante

3.2.1 Conceito

Informante pode ser conceituado como pessoa que tem seus dados mantidos em sigilo e secretamente fornece material informativo acerca de ilícitos, prestando uma valiosa ajuda aos policiais na apuração de infrações penais.[180]

Partindo deste conceito inicial, afirmamos que o informante pode ser qualquer um[181] (exceto funcionários da polícia) que auxilie

---

[180] MONTOYA, Mario Daniel. *Informantes y técnicas de investigación encubiertas* – Análisis Constitucional y procesal penal. 2. ed. Buenos Aires, 2001. p. 180.

[181] Monteros discorda desta afirmação, entendendo que o informante tem que necessariamente fazer parte do meio criminoso, de forma que não poderia sê-lo, por exemplo, uma empregada doméstica que trabalhe na residência de um integrante de organização criminosa. O particular que não integre o mundo do crime seria para esse autor uma espécie de denunciante anônimo (cf. ESPINOSA DE LOS MONTEROS, Rocío Zafra. *El policía infiltrado*: los presupuestos jurídicos en el proceso penal español. Barcelona: Tirant lo Blanch, 2010. p. 129-130), com o que não podemos concordar, na medida em que o informante, ainda que sem laços com o crime, não transmitiria a informação utilizando-se

na investigação fornecendo elementos ou fontes de prova ao órgão responsável pela investigação criminal. Entretanto, alguns elementos ainda merecem esclarecimento para facilitar a comparação com o agente infiltrado.

Inicialmente podemos pensar que o sigilo abarca todos os dados de identificação do informante, mas, ao contrário, estes dados permanecem reservados pela polícia, mas no campo de atividade ou meio em que age o informante a ocultação deve se limitar apenas à condição em que presta o auxílio, ou seja, deve ser sigilosa apenas a sua colaboração com a polícia. Isso porque é graças à sua identidade real que o informante consegue acesso a dados privilegiados sobre o cometimento de crimes.[182]

Outro ponto de destaque, segundo Montoya, é que o fornecimento de informações sobre ilícitos pode se dar de forma habitual ou ocasional.[183] Observe-se, contudo, a posição de Guariglia, comparando os sistemas jurídicos da Argentina e da Alemanha, que estabelece diferenças entre o informante e a figura germânica denominada *V-Mann*.

Embora o *V-Mann* – também referenciado pela doutrina como *V-Leute* – seja conceituado como o funcionário fora dos quadros da polícia[184] (no que se assemelha ao informante), este autor estabelece com precisão que este é um particular que auxilia a polícia de forma habitual em suas investigações, enquanto o informante atua de forma ocasional e apenas quando já há uma *notitia criminis*.[185]

Da mesma maneira ocorre no sistema espanhol, onde a polícia procura o informante sempre que deseja obter algum dado sobre infrações penais.[186]

---

do anonimato, mas sim do sigilo de sua identificação, que é conhecida do órgão policial que se beneficia com sua atuação.

[182] A doutrina ressalta que ao informante é conferido um duplo grau de ocultação. De um lado está o dever imposto aos órgãos policiais de garantir o sigilo de seu informante (e assim a proteção de sua integridade física) e de outro lado a ocultação pelo próprio informante de sua colaboração com o Estado (cf. *ibidem*, p. 132).

[183] MONTOYA, Mario Daniel. *Informantes y técnicas de investigación encubiertas* – Análisis Constitucional y procesal penal. 2. ed. Buenos Aires, 2001. p. 186.

[184] "freie Mitarbeiter der Polizei", cf. MEYER-GOßNER, Lutz. *Strafprozessordnung*. 51. ed. München: C.H.Beck, 2008. p. 413. Segundo o Tribunal Federal Alemão (BGH), o policial estrangeiro que atua no território alemão é enquadrado nesta definição.

[185] GUARIGLIA, Fabricio. *El agente encubierto*. Un nuevo protagonista en el procedimiento penal? Disponível em: www.cienciaspenales.org. Acesso em: 05 maio 2015. p. 17-33.

[186] ESPINOSA DE LOS MONTEROS, Rocío Zafra. *El policía infiltrado*: los presupuestos jurídicos en el proceso penal español. Barcelona: Tirant lo Blanch, 2010. p. 129.

Também merece estudo a exigência de contraprestação pela colaboração do informante. Em regra, como qualquer pessoa pode ser informante há a possibilidade de que não seja exigida qualquer recompensa pela transmissão de informações, de sorte que não se trata de um elemento essencial para a sua caracterização, porém, como é uma atividade normalmente desenvolvida em ambiente criminoso, há a possibilidade de que o informante aja com motivações especiais, como o recebimento de dinheiro ou vantagens penais e processuais.[187]

A atividade do informante não encontra regulamentação nos ordenamentos estrangeiros estudados – na Alemanha nem mesmo a figura do V-Mann é regulamentada, motivo pelo qual sua norma permissiva é um dispositivo genérico referente às provas na fase de investigação[188] – e nem mesmo nas leis brasileiras, o que coloca as informações obtidas desta maneira em descrédito e com pequeno valor probante.[189]

3.2.2 Diferenças em relação ao infiltrado

O informante é uma das figuras que menos se assemelham ao infiltrado. Contudo, ainda pode ser confundida, principalmente em casos concretos, em razão da função principal de obtenção de prova, que no caso do informante pode ocorrer em face de uma informação já possuída de antemão ou mediante atuação direta e efetiva no ambiente criminoso (neste segundo caso há maior semelhança com o agente infiltrado).[190]

Conforme delineado acima, qualquer um que não integre órgão de investigação estatal pode ser informante, ainda que este esteja sob supervisão e controle do Estado.[191] Por outro lado, apenas policiais especificamente designados podem participar de operações de infiltração.

Além disso, na hipótese em que o informante guarda maior semelhança com o infiltrado a grande diferença reside na existência do

---

[187] MONTOYA, Mario Daniel. *Op. cit.*, p. 188.
[188] MEYER-GOßNER, Lutz. *Strafprozessordnung*. 51. ed. München: C.H.Beck, 2008. p. 413.
[189] BITENCOURT, Cezar Roberto; BUSATO, Paulo César. *Comentários à Lei de Organização Criminosa* – Lei n. 12.850/2013. São Paulo: Saraiva, 2014. p. 164. O Tribunal Europeu de Direitos Humanos em três casos – caso Kostovski (20 de novembro de 1989); caso Windisch (29 de setembro de 1990) e caso Teixeira de Castro (9 de junho de 1997) – considerou a prova obtida por informante como de baixo valor em sede judicial, estabelecendo que bastam apenas para auxiliar a fase de investigações.
[190] ESPINOSA DE LOS MONTEROS, Rocío Zafra. *El policía infiltrado*: los presupuestos jurídicos en el proceso penal español. Barcelona: Tirant lo Blanch, 2010. p. 135.
[191] *Ibidem*.

mencionado duplo plano do engano.[192] Enquanto o policial infiltrado oculta sua verdadeira identidade e consequentemente sua vinculação às forças de segurança pública, bem como sua intenção, o informante atua sem mascarar seus dados e engana terceiros apenas quanto à sua colaboração com a investigação.[193]

Devemos destacar ainda a diferença quanto ao órgão que decide pela utilização do informante ou do infiltrado. A infiltração, em todos os ordenamentos estudados, depende de autorização judicial, ainda que *a posteriori*,[194] ao passo que a deflagração da participação do informante na investigação emana do órgão de segurança. Na hipótese brasileira, da polícia judiciária.

Ousamos divergir de Monteros,[195] pois não consideramos que a voluntariedade é um elemento de distinção entre as duas figuras. Isso porque, ao contrário do entendimento do autor, de que a existência de voluntariedade está relacionada à iniciativa própria em participar da investigação, preferimos interpretar essa característica como a liberdade de escolha em infiltrar-se (no caso do agente infiltrado) ou fornecer informações no caso do informante.

Finalmente, a ação do informante também é diversa da do infiltrado se considerarmos a extensão de suas incidências, ou seja, os crimes em que podem ser utilizados e ainda a característica da excepcionalidade.

Conforme já ressaltado, a infiltração pode ser autorizada apenas para investigação de algumas espécies de crimes e desde que não tenha sido possível obter a prova com a utilização de outros meios menos restritivos.[196] Por outro lado, a polícia judiciária pode beneficiar-se de informantes na investigação de qualquer tipo de infração penal e inclusive como medida investigativa inicial.

Vale dizer, enquanto a infiltração deve ser *ultima ratio*, a autorização de informantes não está vinculada ao esgotamento ou, ao menos, à utilização de outras formas de investigação.

---

[192] Ver Capítulo 2, ponto 2.3.5.
[193] ZAFRA ESPINOSA DE LOS MONTEROS, Rocio. *Op. cit.*, p. 136.
[194] Como é previsto no direito alemão (§110b, do StPO).
[195] ESPINOSA DE LOS MONTEROS, Rocío Zafra. *El policía infiltrado*: los presupuestos jurídicos en el proceso penal español. Barcelona: Tirant lo Blanch, 2010. p. 137.
[196] Art. 14, da Lei nº 12.850/13.

3.3 Colaborador

3.3.1 Conceito

Os colaboradores são aqueles que auxiliam a justiça fornecendo informações a respeito de delitos e organizações criminosas em troca de benefícios penais e processuais.[197] Diferentemente dos informantes, eles têm a função de compartilhar elementos a respeito do meio ou organização criminosa da qual são integrantes, ou seja, são investigados ou, ao menos, indivíduos que poderiam sê-lo.

Evidente que a simples conformidade com este conceito não classifica o indivíduo como colaborador e nem o torna merecedor das vantagens conferidas pelos ordenamentos jurídicos a essa figura. Grande parte dos Estados que adotam esse método de investigação – e entre eles estão os analisados neste trabalho – estabelecem requisitos específicos para validar o "acordo" realizado entre o colaborador e o Estado.

Na Espanha, por exemplo, a colaboração é prevista para os delitos relacionados ao tráfico de drogas (artigos 361 a 372) e àqueles considerados como integrantes do conceito de terrorismo (artigos 571 a 578).[198] No Código Penal são exigidos do pretenso colaborador o abandono das atividades delitivas e da organização criminosa, confissão dos delitos de que tenha participado e colaboração ativa com as autoridades policiais (impedindo a consumação de delitos de que tenha participado ou não, bem como identificando integrantes da organização).[199]

Outro exemplo, o Código Penal Alemão, também traz previsão semelhante (§46b)[200] aplicável ao agente voluntariamente confesso que

---

[197] MONTOYA, Mario Daniel. *Informantes y técnicas de investigación encubiertas* – Análisis Constitucional y procesal penal. 2. ed. Buenos Aires, 2001. p. 202.

[198] ESPINOSA DE LOS MONTEROS, Rocío Zafra. *El policía infiltrado*: los presupuestos jurídicos en el processo penal español. Barcelona: Tirant lo Blanch, 2010. p. 114.

[199] Artículo 376: "En los casos previstos en los artículos 361 a 372, los jueces o tribunales, razonándolo en la sentencia, podrán imponer la pena inferior en uno o dos grados a la señalada por la ley para el delito de que se trate, siempre que el sujeto haya abandonado voluntariamente sus actividades delictivas y haya colaborado activamente con las autoridades o sus agentes bien para impedir la producción del delito, bien para obtener pruebas decisivas para la identificación o captura de otros responsables o para impedir la actuación o el desarrollo de las organizaciones o asociaciones a las que haya pertenecido o con las que haya colaborado.[...]".
Artículo 579 bis: "[...] 3. En los delitos previstos en este Capítulo, los jueces y tribunales, razonándolo en sentencia, podrán imponer la pena inferior en uno o dos grados a la señalada para el delito de que se trate, cuando el sujeto haya abandonado voluntariamente sus actividades delictivas, se presente a las autoridades confesando los hechos en que haya participado y colabore activamente con éstas para impedir la producción del delito, o coadyuve eficazmente a la obtención de pruebas decisivas para la identificación o captura de otros responsables o para impedir la actuación o el desarrollo de organizaciones, grupos u otros elementos terroristas a los que haya pertenecido o con los que haya colaborado.".

[200] §46b do StGB (Strafgesetzbuch): "(1) Wenn der Täter einer Straftat, die mit einer im Mindestmaß erhöhten Freiheitsstrafe oder mit lebenslanger Freiheitsstrafe bedroht ist, 1.

contribui substancialmente para a descoberta de delito conexo – desde que seja apenado com reclusão acima de 5 anos – ou, ainda, fornece elementos que impeçam a consumação de infração. Observe-se que, ao contrário do código espanhol, a colaboração na Alemanha pode ter reflexos penais ou processuais (essa última consequência tem aplicação desde que o magistrado, analisando a provável pena a ser imposta ao colaborador, se depare com a reprimenda igual ou menor do que 3 anos de reclusão).

Com o Brasil não poderia ser diferente. Embora a colaboração premiada esteja prevista em diversas leis[201] e cada uma tenha requisitos próprios, nossa breve análise recairá sobre os requisitos da legislação mais atual e que trata de forma específica das organizações criminosas, a Lei nº 12.850/13.

Neste diploma, o art. 4º estabelece que a colaboração deverá ser voluntária[202] e efetiva. O atingimento desta efetividade tem como critérios os objetivos expostos nos incisos do dispositivo (incisos I a V). As informações fornecidas devem satisfazer um ou mais resultados previstos, que são: permitir a identificação dos coautores e partícipes que integram a organização criminosa, bem como a descoberta das infrações penais por eles praticadas e/ou a prevenção de alguma delas.

Além disso, pode ser exigido do colaborador que sua prestação revele a estrutura hierárquica da organização, possibilite a recuperação total ou parcial do produto ou proveito de alguma infração penal, ou, ainda, resulte na localização de eventual vítima, desde que esta tenha sua integridade física preservada.

Observe-se, também, que a doutrina espanhola, de forma semelhante ao que acontece com o informante, reconhece duas espécies de colaboradores. Há aquele que deixa o ambiente criminoso e fornece informações relevantes sobre infrações penais e outras atividades praticadas pela organização criminosa, assim como há o sujeito que

---

durch freiwilliges Offenbaren seines Wissens wesentlich dazu beigetragen hat, dass eine Tat nach §100a Abs. 2 der Strafprozessordnung, die mit seiner Tat im Zusammenhang steht, aufgedeckt werden konnte, oder 2. freiwillig sein Wissen so rechtzeitig einer Dienststelle offenbart, dass eine Tat nach §100a Abs. 2 der Strafprozessordnung, die mit seiner Tat im Zusammenhang steht und von deren Planung er weiß, noch verhindert werden kann".

[201] Cf. FERRO, Ana Luiza Almeida; PEREIRA, Flávio Cardoso; GAZZOLA, Gustavo dos Reis. *Criminalidade organizada*: comentários à lei 12.850, de 02 de agosto de 2013. Curitiba: Juruá, 2014. p. 104-105.

[202] "Art. 4º O juiz poderá, a requerimento das partes, conceder o perdão judicial, reduzir em até 2/3 (dois terços) a pena privativa de liberdade ou substituí-la por restritiva de direitos daquele que tenha colaborado efetiva e voluntariamente com a investigação e com o processo criminal [...]".

permanece no meio ilícito apenas para recolher maiores elementos para a investigação.[203]

Neste último caso, no qual há a maior semelhança com o infiltrado, entendemos como hipótese passível de ocorrência no Brasil, tendo em vista que a legislação exige como requisitos apenas a voluntariedade e efetividade da colaboração. Essa modalidade de colaborador será a utilizada como comparação com o agente infiltrado, pois, ao menos em teoria, pode trazer maiores confusões e equívocos na identificação.

3.3.2 Diferenças em relação ao infiltrado

Grande parte dos elementos de distinção entre estas figuras são aqueles estudados quando da análise do informante, até mesmo porque a conduta deste e a do colaborador são muito semelhantes, diferenciando-se apenas no fato de que o último integra a organização criminosa, grupo ou ambiente investigado.

A primeira diferença relevante está na qualidade de policial. Em regra, o colaborador é um particular, enquanto o agente infiltrado deve ser sempre um integrante das forças de segurança, conforme visto no capítulo anterior.

Entretanto, não devemos descartar a possibilidade de que o colaborador seja um policial que confessa a prática de uma infração espontaneamente, bem como fornece elementos para frustrar a atividade de seus comparsas e evitar a prática de crimes. Neste caso, onde existem grandes semelhanças com o infiltrado, deve ser esclarecido que o colaborador não repassa elementos de prova úteis à investigação como um servidor investido no cargo, mas sim como investigado, ou seja, embora seja policial, neste momento não está em serviço e age fora de sua função oficial.[204]

Na colaboração, em regra, o agente não faz uso do engano em nenhum momento, pois utilizando sua própria identidade e voluntariamente confessa a prática de delitos e transmite informações relevantes para a descoberta e/ou prevenção de outros, ao passo que na infiltração o policial depende do engano para manter-se no meio criminoso, garantindo o sucesso na investigação, e proteger sua integridade física e a de pessoas de seu convívio.

---

[203] ESPINOSA DE LOS MONTEROS, Rocío Zafra. *El policía infiltrado*: los presupuestos jurídicos en el proceso penal español. Barcelona: Tirant lo Blanch, 2010. p. 118/119.
[204] ESPINOSA DE LOS MONTEROS, Rocío Zafra. *El policía infiltrado*: los presupuestos jurídicos en el proceso penal español. Barcelona: Tirant lo Blanch, 2010. p. 118-119.

Contudo, conforme ressaltamos anteriormente, entendemos possível a colaboração do agente que permanece inserido na organização criminosa para obter o maior número de elementos incriminadores e repassá-los posteriormente à polícia, ocasião em que sua função seria extremamente semelhante àquela desempenhada pelo agente infiltrado. Nesta hipótese, o engano é utilizado apenas para mascarar em relação à intenção do colaborador.[205]

Vale dizer, o agente, já amparado pelas forças de segurança pública e com o acordo de colaboração proposto, retorna ao seio da organização e apenas faz crer que não age em colaboração com o Estado, iludindo seus comparsas, que continuam mantendo-o atualizado sobre suas ações. Tal medida ainda tem a utilidade de proteger o colaborador, pois seu destaque da organização, dependendo de seu grau de importância, provavelmente despertaria suspeitas e o colocaria em risco.

Neste sentido é o entendimento de Monteros:[206]

> Sua única função desde o momento em que busca as autoridades é obter o maior número de dados possíveis. Porém, sua desconexão absoluta com a atividade delitiva pode levantar suspeitas dos demais membros da organização, o que geraria um risco para a vida e integridade da pessoa do colaborador. Assim, como o colaborador atua sob o controle dos poderes públicos, são eles que deverão direcionar sua atuação na organização (tradução livre).

3.4 Agentes de inteligência

3.4.1 Conceito

Os agentes de inteligência – também chamados pela doutrina de agentes secretos[207] – são os funcionários de serviços de inteligência dos Estados, responsáveis pela promoção de investigações e descoberta de dados relevantes para a segurança, estabilidade e defesa de um país.

---

[205] *Ibidem*, p. 127.
[206] "[...] Su única función desde el momento en que acude a las autoridades, es recabar el mayor numero de datos posibles. Pero su desconexión absoluta con la actividad delictiva, puede levantar las sospechas de los restantes miembros de la organización lo que generaría un riesgo para la vida y la integridad de la persona del arrepentido. Así, en tanto en cuanto el arrepentido actúa bajo el control de los poderes públicos, son ellos los que deberán dirigir su actuación en la organización" (ESPINOSA DE LOS MONTEROS, Rocío Zafra. *El policía infiltrado*: los presupuestos jurídicos en el proceso penal español. Barcelona: Tirant lo Blanch, 2010. p. 128).
[207] PEREIRA, Flávio Cardoso. *El agente infiltrado desde el punto de vista del garantismo procesal penal*. Curitiba: Juruá, 2013. p. 360-361.

No Brasil, o serviço de inteligência é exercido pela Agência Brasileira de Inteligência (ABIN). Segundo o próprio endereço eletrônico da instituição, a ABIN é um órgão da Presidência da República, vinculado à Secretaria de Governo, responsável por fornecer ao presidente e seus ministros informações e análises estratégicas.

A ABIN é o órgão central de um sistema composto por outros trinta e sete entes dedicados à captação de informações e serviço de inteligência, denominado Sistema Brasileiro de Inteligência (SISBIN). Seus profissionais (agentes de inteligência) analisam fatos, eventos e situações para identificarem oportunidades e ameaças relacionadas à proteção das fronteiras nacionais, à contraespionagem, entre outras medidas.

Segundo Feitoza,[208] o que difere a informação obtida para fins processuais e aquela útil para as atividades de inteligência é o grau de aceitabilidade da verdade e a forma pela qual esta é atingida. Vale dizer, os serviços de inteligência não buscam a obtenção de fontes de prova em sua plenitude, de forma a satisfazer os *standards* exigidos pelo determinado sistema jurídico, mas apenas a obtenção de conhecimento que permita ao decisor de uma instituição tomar suas decisões estratégicas.

Assim, podemos afirmar que a grande semelhança existente entre os agentes de inteligência e o policial que atua infiltrado é o sigilo de suas atividades,[209] ou seja, o caráter secreto de ambas as operações (de infiltração e de inteligência).

3.4.2 Diferenças em relação ao infiltrado

Inicialmente, ressaltamos que a existência de diferenças entre as figuras não impede a colaboração entre elas. Os elementos e fontes de prova obtidos tanto com a atividade de inteligência como com a investigação criminal podem ser utilizados desde que, nesta última seara, sujeitas às limitações de conteúdo e forma estabelecidas pela lei.

Portanto, a primeira diferença que surge diz respeito à vinculação ao processo penal. O agente infiltrado, embora tenha grande liberdade de atuação – o que é até mesmo muito questionado – deve observar normas procedimentais e de validade da investigação criminal, ao passo que o agente de inteligência não delimita sua atividade

---

[208] FEITOZA, Denilson. *Direito processual penal:* teoria, crítica e práxis. 7. ed. Niterói: Impetus, 2010. p. 862-863.
[209] ESPINOSA DE LOS MONTEROS, Rocío Zafra. *El policía infiltrado*: los presupuestos jurídicos en el proceso penal español. Barcelona: Tirant lo Blanch, 2010. p. 142.

em respeito a essas normas, mas sim em atenção à posição e estrutura política do Estado.[210] Quanto à dependência orgânica,[211] esclarecemos que o infiltrado, como integrante da polícia judiciária está adstrito ao auxílio a juízes e tribunais na repressão de infrações penais. Por outro lado, os agentes de inteligência integram um órgão público (no caso brasileiro a ABIN) e, ao menos em princípio, não se relacionam com o Poder Judiciário, pois são dependentes do governo para fornecer as medidas pertinentes à averiguação das informações entregues ao presidente.

3.5 Undercover agent

3.5.1 Conceito

Encontrar um conceito para o *undercover agent* é tarefa de grande dificuldade, principalmente quando se deve ressaltar as diferenças existentes entre este e o agente infiltrado. Não raramente observamos a tendência em assimilá-los. Tal opção pode gerar alguns problemas, principalmente no campo processual, pois são figuras com diferenças marcantes que se manifestam no momento de obtenção de fontes de prova e na análise destes elementos pelo magistrado.[212]

Segundo Gary Marx,[213] as ações policiais nos Estados Unidos da América podem ser classificadas em abertas ou ocultas, bem como enganosas ou não. A atividade do *undercover agent* é aquela classificada como oculta e enganosa,[214] na qual o policial obtém provas sem revelar sua identidade e intenção ao suspeito.[215]

Apenas por este conceito afirmamos que, superficialmente (e para facilitar o trabalho de indicação de um conceito), o *undercover agent* é o

---

[210] GASCÓN INCHAUSTI, Fernando. *Infiltración policial y agente encubierto*. Granada: Comares, 2001. p. 28.
[211] ESPINOSA DE LOS MONTEROS, Rocío Zafra. *Op. cit.*, p. 143.
[212] Um dos problemas que podemos citar é a utilização de delitos provocados para justificar condenações por crimes anteriores. Sobre o assunto, cf. ROSS, Jacqueline E. Valuing inside knowledge: Police infiltration as a problem for the law of evidence. *Chicago-Kent Law Review*, Chicago, v. 79, n. 3, 2004.
[213] MARX, Gary T. *Undercover*: Police Surveillance in America. California: University of California Press, 1988. p. 11-12.
[214] Conjugando-se os elementos referidos para a criação de outras espécies teríamos as ações abertas e não enganosas (rotineiro trabalho policial na apuração de *notitia criminis*); abertas e enganosas (utilização de informação falsa pelo policial para obter a confissão do investigado) e, ainda, ocultas e não enganosas (monitoramento eletrônico) (cf. *ibidem*, p. 12).
[215] WAMSLEY, Nicholas. Big Brother Gone Awry: undercover policing facing a legitimacy crisis. *American Criminal Law Review*, Washington, v. 52, n. 1, 2015. p. 182/183.

correspondente americano ao agente infiltrado. Contudo, realizando-se uma análise mais detida destas duas figuras, nota-se a presença de diferenças mais profundas.

Por esse motivo, na esteira de posição externada por Ross,[216] enxergamos dificuldades no estabelecimento da cooperação jurídica internacional em matéria de investigação penal entre Estados Unidos e os países de tradição romano-germânica analisados neste trabalho (entre estes o Brasil).

Vale dizer, destacamos que a face externa (superficial) das figuras é muito semelhante – até mesmo por isso há a tendência em assimilá-las –, porém internamente são muito diversas, de sorte que, por exemplo, o infiltrado italiano atuando no território americano (e vice-versa) encontra obstáculos muitas vezes intransponíveis, seja na efetiva realização da função designada (obtenção de provas), seja na validação de sua ação em seu país de origem.

Ross[217] traz um exemplo ilustrativo das dificuldades surgidas na cooperação entre Estados Unidos e Itália, especialmente no tocante à responsabilização criminal dos agentes policiais:

> Considere uma operação designada a impedir lavagem de capitais relacionada com tráfico de drogas. Sobre a coordenação de operações encobertas com policiais estrangeiros, o oficial Michele Rocchegiani observa que investigadores encontraram dificuldades para estabelecer negócios de fachada para a lavagem de capitais na Itália: "Agora mesmo policiais não conseguem encontrar negócios para lavar dinheiro, pois a imunidade de suas ações se relaciona apenas à pessoa do policial e não ao negócio utilizado. Entretanto, não é possível conduzir estas espécies de investigação sem um negócio de fachada, porque a lavagem de capitais envolve transferências eletrônicas de quantias e não transferências pessoais. Por isso, são necessários contadores, registros falsos, funcionários e mecanismos para utilizar o mercado eletrônico" (tradução livre).

---

[216] ROSS, Jaqueline E. Impediments to Transnational Cooperation in Undercover Policing: a comparative study of the United States and Italy. *The American Journal of Comparative Law*, Michigan, v. 52, p. 303-358, 2005. p. 333-334.

[217] "[...] Consider an operation designed to break up money laundering organizations taking in drug proceeds. In coordinating undercover operations with foreign counterparts, Officer Michele Rocchegiani observed that investigators encountered difficulties in establishing money laundering fronts in Italy: 'Right now cops can't found money laundering businesses, because immunity attached only to the individual cop, not the business. But you can't really conduct such investigations without a front business, because money laundering involves electronic money transfers, not in-person money transfers. So you need accountants, false records, secretaries, and the facilities to conduct on-line banking'" (ROSS, Jaqueline E. Impediments to Transnational Cooperation in Undercover Policing: A comparative study of the United States and Italy. *The American Journal of Comparative Law*, Michigan, v. 52, p. 303-358, 2005. p. 333).

3.5.2 Diferenças em relação ao infiltrado

A comparação entre o *undercover agent* e o infiltrado não é novidade, afinal guardam grandes semelhanças entre si, como a utilização do engano para obtenção de informações e outras espécies de provas. Contudo, encontramos grandes críticos da figura norte-americana, principalmente nas doutrinas alemã[218] e espanhola,[219] que consideram o tratamento dado pelo direito americano à investigação encoberta incompatível com o Estado Democrático de Direito.[220]

Como primeira diferença normalmente apontada trataremos daquela relacionada à vinculação do agente policial a uma investigação criminal.

Conforme abordado anteriormente, uma das características fundamentais da infiltração policial é a subsidiariedade, ou seja, a infiltração não deve ser o primeiro meio de obtenção de prova utilizado pelo Estado na apuração de delitos. Assim, sua utilização deve ser precedida da tentativa de êxito na investigação com outros meios que apresentem menor potencial de dano aos direitos fundamentais do investigado e de terceiros.

Esta característica pressupõe a existência de uma investigação concreta em curso, vale dizer, deve haver vinculação do agente ao menos a elementos que esclareçam a existência de um crime a ser apurado (normalmente relacionado à atividade de organizações criminosas).

No direito norte-americano, por outro lado, o *undercover* atua de forma "livre" e sem qualquer vinculação a uma investigação, permanecendo de modo indeterminado no ambiente criminoso em busca de informações.[221] A infiltração não é tratada neste ordenamento como *ultima ratio* e pode ser o meio que dá início ao processo investigativo, ou seja, as primeiras informações a respeito de infrações podem surgir

---

[218] Meyer Goßner, ao se referir ao *undercover agent*, diz que teme pela utilização sem controle desta figura (MEYER-GOßNER, Lutz. *Strafprozessordnung*. 51. ed. München: C.H.Beck, 2008. p. 413).

[219] Gascón Inchausti trata a figura americana como um equivalente policial aos informantes e colaboradores, mas não ao infiltrado (GASCÓN INCHAUSTI, Fernando. *Infiltración policial y agente encubierto*. Granada: Comares, 2001. p. 28).

[220] "der Undercover Agent zum Einsatz Kommen darf, ist in Deutschland der Einsatz im Strafverfahren unzulässig, da er ohne einen konkreten Ermittlungsauftrag tätig werden und ohne Kontrolle agieren würde . Sein Einsatz ist mit rechtsstaatlichen Prinzipien unvereinbar" (OTT, Katharina. *Verdeckte Ermittlungen im Strafverfahren*. Die deutsche Rechtordnung und die Rechtslage nach der EMRK in einer rechtsvergleichenden Betrachtung. Frankfurt am Main: Peter Lang, 2008. p. 32).

[221] OTT, Kattarina. *Op. cit.*, p. 32.

da ação do *undercover*. Daí a origem da crítica doutrinária a essa figura, relacionada à sua utilização descontrolada.

O âmbito de atuação também é uma característica que apresenta diferenças entre as figuras. No caso do infiltrado, em países como o Brasil sua autorização pode ser obtida para a apuração de diversas espécies de crimes,[222] mas ainda assim há limitação na utilização deste meio de obtenção de prova, enquanto em outros ordenamentos jurídicos sua deflagração está restrita à delitos predeterminados e estabelecidos em um rol de infrações (hipótese dos ordenamentos alemão, espanhol, italiano e português).

O *undercover*, por sua vez, não tem sua ação limitada à investigação de uma ou algumas espécies de delito, mas sim de qualquer infração penal.[223] Vejamos, não seria possível a atuação sem existência de investigação se o policial estivesse adstrito a algum ou alguns tipos de crimes, já que sua inserção no meio criminoso dependeria da obtenção prévia de dados sobre a existência de uma infração específica.

As críticas da doutrina também se direcionam à legitimidade do *undercover*. Enquanto o infiltrado encontra sua regulamentação na lei – o que é comum aos países estudados, pois enxergam na legalidade um dos princípios basilares do Estado de Direito – o *undercover* tem seu fundamento de validade em normas desenvolvidas internamente pela polícia norte-americana, muitas vezes até mesmo expressas verbalmente.[224]

Ross[225] esclarece que os infiltrados devem agir dentro dos limites impostos por "normas sociais" (*societal norms*), isto é, não há distinção entre os agentes públicos integrantes da polícia e os cidadãos comuns, todos estão sujeitos às mesmas normas. O *undercover agent*, ao contrário,

---

[222] Relembremos a norma de extensão constante do art. 1º, §2º, da Lei nº 12.850/13, que permite a aplicação da parte processual do diploma não apenas a casos de infrações praticadas por organizações criminosas, mas também a infrações transnacionais e àquelas praticadas por organizações terroristas.

[223] A jurisprudência estadunidense é vasta em exemplos de infrações cuja investigação foi levada a cabo por policiais encobertos e que se distanciam das hipóteses previstas em outros países. Apenas a título de exemplo, podemos mencionar os seguintes delitos: corrupção ativa (United States v. Myers, 692 F.2d 823 (2d Cir. 1982), United States v. Murphy, 642. F.2d 699 (2d Cir. 1980)); e rinhas de animais (*dog fight rings*) (JOH, Elizabeth E. Breaking the law to enforce it: Undercover police participation in crime. *Stanford Law Review*, Stanford, v. 62, n. 1, p. 162, 2009).

[224] Elizabeth Joh faz referência a pesquisa realizada no ano de 1994, na qual foi apurado que de 89 departamentos de polícia ao redor do país, 23 não possuíam normas internas escritas para a regulamentação de operações encobertas (*ibidem*, p. 179).

[225] ROSS, Jaqueline E. Impediments to Transnational Cooperation in Undercover Policing: a comparative study of the United States and Italy. *The American Journal of Comparative Law*, v. 52, Michigan, p. 303-358, 2005. p. 311.

tem uma posição privilegiada e fica sujeito em princípio a "normas policiais" (*police norms*), que são aquelas destinadas exclusivamente aos agentes públicos e que estabelecem barreiras à atividade de investigação, embora não sejam vinculantes como as "normas sociais".[226] Tal fato é um dos principais causadores da insegurança jurídica atribuída à figura do *undercover*. Normas internas podem ser criadas, alteradas ou revogadas sem muitas dificuldades ou qualquer notificação a seus destinatários, o que acaba criando entraves sérios ao controle dos agentes e à defesa de investigados.[227]

Até mesmo o tratamento da responsabilidade penal merece destaque, pois em regra o infiltrado que comete crimes deve atender a alguns requisitos com a finalidade de que sua conduta esteja caracterizada na hipótese de exceção prevista pelo respectivo ordenamento jurídico (independentemente da natureza jurídica da excludente[228]) e ele não seja condenado – normalmente um juízo a respeito da aplicação da exceção é feito dependendo do caso concreto, ou seja, caso a caso.

Utilizemos como exemplo a Alemanha, que em regra não permite em nenhuma hipótese a prática de crimes (inclusive aos infiltrados) e impõe o processamento compulsório destes (§§152 e 163 do StPO).[229] O infiltrado não deve delinquir ainda que para assegurar a finalidade da investigação, porém a doutrina reconhece que se a qualquer pessoa são aplicadas as excludentes de ilicitude e culpabilidade (respectivamente §§32, 34 e 35 do StGB), outra não poderia ser a solução ao policial que atua infiltrado e se encontra em uma destas situações, devendo para tanto satisfazer os requisitos exigidos pelos dispositivos.[230]

Diversa é a figura do *undercover*, à qual é aplicada o que a doutrina chama de "imunidade indiscriminada" (*wholesale immunity*).[231] Pela expressão aparenta ser uma espécie de carta branca ao agente, porém trata-se de uma norma (encontrada nos regulamentos policiais)

---

[226] JOH, Elizabeth E. *Op. cit.*, p. 178.
[227] *Ibidem*.
[228] A responsabilidade penal do infiltrado e as diferentes técnicas legislativas utilizadas pelos países para discipliná-la será objeto de estudo do capítulo seguinte.
[229] ROSS, Jacqueline E. The Place of Covert Policing in Democratic Societies: a comparative study of United States and Germany. *The American Journal of Comparative Law*, Michigan, v. 55, p. 540, 2007.
[230] MEYER-GOßNER, Lutz. *Strafprozessordnung*. 51. ed. München: C.H.Beck, 2008. p. 419-420; cf. KINDHÄUSER, Urs. *Strafprozessrecht*. 2. ed. Baden-Baden: Nomos Lehrbuch, 2010. p. 105.
[231] ROSS, Jacqueline E. Impediments to Transnational Cooperation in Undercover Policing: a comparative study of the United States and Italy. *The American Journal of Comparative Law*, Michigan, v. 52, p. 303-358, 2005. p. 310.

que é complementada por autorizações dos supervisores da investigação[232] e assegurada pelo princípio da disponibilidade da ação penal, destinando-se a qualquer categoria de agente policial.[233]

Além disso, a jurisprudência norte-americana costuma diferenciar as espécies de infrações penais que podem ou não serem praticadas pelo *undercover*. Segundo Ross,[234] os delitos são classificados em três tipos: principais, auxiliares e de motivação própria.

Principais são aqueles que o undercover deve evitar, ou seja, são infrações que de certa forma constituem crimes que são objeto de investigação. Por exemplo, se o objetivo é desestruturar uma organização criminosa que tem como principal tarefa o comércio ilícito de armas de fogo, pode ser que o agente policial tenha que participar de compras ou vendas de armamentos.[235]

Auxiliares, portanto, são os delitos que o policial pratica ou permite que terceiros pratiquem para impedir a descoberta de sua verdadeira identidade e assegurar a continuidade da investigação de crimes principais. Trata-se da hipótese do policial que se envolve no furto de um veículo que será utilizado em um roubo pela organização; da falsificação de documentos que serão utilizados em ilícitos futuros; ou ainda do policial que tolera a tortura de integrante de facção rival.[236]

Finalmente delitos de motivação própria não guardam qualquer relação com a investigação, nem mesmo são cometidos com a finalidade de se garantir a permanência do *undercover* no ambiente criminoso. Vale dizer, são crimes praticados por motivos escusos aos interesses do Estado, motivos pessoais e que normalmente denotam a corrupção do agente público.

Ao *undercover* é permitida a realização das duas primeiras espécies, pois estão ligadas à investigação e à própria segurança do agente,

---

[232] O regulamento interno do FBI, utilizado por muitos departamentos de polícia estaduais como base, estabelece que a autorização de operações de infiltração (*covert operations*) e dos crimes que poderão ser praticados pelos agentes durante as investigações devem ser objeto de deliberação de um conselho criado especialmente para esse fim, composto por membros do departamento de justiça e agentes do próprio FBI (JOH, Elizabeth E. Breaking the law to enforce it: undercover police participation in crime. *Stanford Law Review*, Stanford, v. 62, n. 1, 2009. p. 177).

[233] *Ibidem*, p. 178; ROSS, Jacqueline E. Impediments to Transnational Cooperation... *Op. cit.*, p. 310.

[234] *Ibidem*, p. 320.

[235] ROSS, Jaqueline E. Impediments to Transnational Cooperation in Undercover Policing: A comparative study of the United States and Italy. *The American Journal of Comparative Law*, Michigan, v. 52, n. 2, p. 303-358, 2005. p. 320.

[236] *Ibidem*.

enquanto os crimes de motivação própria são repudiados não apenas pelo sistema americano, mas também pelos demais ordenamentos estudados ao tratarem dos reflexos penais da ação do infiltrado, conforme será analisado nos capítulos posteriores.

Em resumo, embora o direito americano e os de outros países reconheçam respectivamente a gravidade da utilização do *undercover* e do infiltrado, normalmente classificando-os como "mal necessário",[237] o objetivo de cada Estado ao limitar a ação destas figuras é diferente. Enquanto os Estados Unidos focam sua preocupação na instigação de crimes encorajada pelo Estado, os demais países estudados centram seus esforços em evitar a corrupção dos agentes policiais. Este é na verdade o ponto de partida das principais diferenças estudadas acima.

3.6 Agente provocador

3.6.1 Conceito

O agente provocador é a figura que mais se assemelha ao infiltrado. Tamanha é a aproximação, que um policial em ação de infiltração pode a qualquer momento passar à provocação de delitos.

A distinção é representada por uma linha tênue que, apesar de identificada teoricamente, na prática se mostra um objeto de dificílima análise. Contudo, mesmo difícil, é carregada de importância para o campo do Direito Processual Penal, especificamente no tocante à prova, pois, em regra,[238] as fontes obtidas por provocação são consideradas ilícitas.[239]

No Brasil, a figura do agente provocador está atrelada à do flagrante provocado, que é a prisão de alguém em razão de sua provocação

---

[237] BARROCU, Giovanni. *Le indagni sotto copertura*. 2013. Tese (Doutorado em Ciência Penal) – Universita 'Degli Studi Di Trieste, 2013. p. 132.

[238] Cf. AMBOS, Kai; LIMA, Marcellus Polastri. *O Processo Acusatório e a Vedação Probatória*: perante as realidades alemã e brasileira: com a perspectiva brasileira já de acordo com a reforma processual de 2008 – Leis 11.689, 11.690 e 11.719. Porto Alegre: Livraria do Advogado, 2009. p. 118-119.

[239] Embora exista no direito italiano uma tendência em se fazer distinção entre três figuras, o provocador, o infiltrado e o agente *sotto coppertura*, na qual este último seria o policial que não apenas observa a ação criminosa e recolhe informações sobre a organização (criminosa ou terrorista), mas também, dependendo da necessidade, provoca delitos, é certo que em regra a prova obtida por provocação é ilícita, devendo ser inutilizada (cf. VENTURA, Nicoletta. *Le investigazioni under cover dela polizia giudiziaria*. Bari: Cacucci Editore, 2008. p. 98; e BARROCU, Giovanni. *Le indagni sotto copertura*. 2013. Tese (Doutorado em Ciência Penal) – Universita 'Degli Studi Di Trieste, 2013. p. 101).

à prática do crime.[240] A natureza desta espécie de flagrante é a de crime impossível (art. 17 do Código Penal), segundo posicionamento sumulado pela Corte constitucional (Súmula nº 145 do Supremo Tribunal Federal).[241]

A súmula é bem elucidativa sobre o tema, pois dá sinais de que o Supremo Tribunal Federal optou por uma concepção moderna de agente provocador, ou seja, aquele em que membros da polícia (ou ainda sob sua supervisão[242]) instigam ou determinam terceiro a praticar infrações penais apenas com o propósito de responsabilizá-lo, de sorte que é impossível a consumação do crime.

Aqui identificamos como características principais do provocador a finalidade de incriminação do provocado e a ausência de interesse na consumação da infração penal. Esta ausência de interesse deve ser expressamente demonstrada nas medidas tomadas pelo provocador para neutralizar a ação do provocado.

Este conceito, porém, não é unanimidade entre os demais países estudados.

Na Alemanha, ao menos em nível doutrinário, o provocador ou *lockspitzel* é conceituado de forma semelhante[243] como o policial (neste caso um agente infiltrado) ou não (*V-Mann*) que conscientemente influencia terceiro a praticar delitos. Assim como verificamos na doutrina argentina.[244]

Por outro lado, na Espanha há uma atenção especial voltada à relação entre o provocador e o delito provocado, onde são considerados realidades distintas. O que está em análise neste contexto é a determinação de qual momento da ação do agente está configurada a provocação de fato, ou ainda, dependendo do momento, se seria relevante a contribuição do agente para a decisão do terceiro em praticar o delito.

---

[240] BADARÓ, Gustavo Henrique Righi Ivahy. *Processo penal*. 2. ed. Rio de Janeiro: Elsevier, 2014. p. 723.

[241] "Não há crime quando a preparação do flagrante pela polícia torna impossível sua consumação".

[242] A doutrina clássica não centra no policial o papel de agente provocador e estabelece que a instigação poderá se realizar por terceiros que representem o Estado (MUÑOZ SANCHEZ, Juan. *La moderna problemática jurídico penal del agente provocador*. Barcelona: Tirant lo Branch, 1995. p. 34-35).

[243] BEULKE, Werner. *Strafprozessrecht*. 12. ed. Hamburg: C.F. Müller, 2012. p. 285.

[244] SLUPSKI, Diego Javier. *Modernos medios de investigación en materia penal*: el agente encubierto y otros institutos como propuestas de solución. Buenos Aires: Cathedra Juridica, 2015. p. 94; RIQUERT. Marcelo A. El agente encubierto en el derecho penal argentino. *In*: AROCENA, Gustavo A.; BALCARCE, Fabían I.; CESANO, José D. *Tendencias modernas del derecho penal y procesal penal*: libro homenaje a Enrique Bacigalupo. Buenos Aires: Hammurabi, 2013. p. 515.

Monteros é categórica em afirmar que o agente provocador não se relaciona com o delito provocado, pois este último seria[245]

Aquele que chega a realizar-se em virtude de uma instigação enganosa de uma determinada pessoa, normalmente membro das forças de segurança, que, desejando a detenção de suspeitos, incita a perpetrar a infração quem não tinha previamente este propósito, originando assim o nascimento de uma vontade criminal concreta, delito que a não ser por tal provocação não seria produzido, mesmo que sua completa execução resulte praticamente impossível por intervenção "*ab initio*" da força policial (tradução livre).

Esta modalidade, por retirar do provocado a liberdade de consciência e consequentemente a culpabilidade do delito, é repudiada pela doutrina e acarreta a sanção processual da nulidade.

O agente provocador, por sua vez, é considerado como uma figura do direito espanhol de existência anterior à regulamentação do agente infiltrado, que não faz nascer em terceiros a vontade de praticar infrações, mas apenas contribui a partir da preparação do delito com o auxílio na execução, sempre com a finalidade de obter provas a respeito da autoria.[246]

A diferença ganha ainda mais relevância quando transportada para a matéria das provas, já que os elementos obtidos pelo provocador, segundo posicionamentos das cortes espanholas,[247] podem ser utilizados em juízo como prova do crime e servem para descaracterizar o estado inicial de inocência do acusado.

Embora as nomenclaturas se confundam – consideradas a realidade espanhola e a dos demais países, entre estes o Brasil –, a ação considerada como típica de agente provocador e que é repudiada pelo processo penal não se altera. Mesmo com a denominação de delito provocado, o ordenamento espanhol não permite a utilização das

---

[245] "aquel que llega a realizarse en virtud de la inducción engañosa de una determinada persona, generalmente miembro de las Fuerzas de Seguridad que, deseando la detención de sospechosos, incita a perpetrar la infracción a quien no tenía previamente tal propósito, originando así el nacimiento de una voluntad criminal en supuesto concreto, delito que de no ser por tal provocación no se hubiere producido aunque de otro lado su compleja ejecución resulte prácticamente imposible por la prevista intervención "ab initio" de la fuerza policial" (ESPINOSA DE LOS MONTEROS, Rocío Zafra. *El policía infiltrado*: los presupuestos jurídicos en el proceso penal español. Barcelona: Tirant lo Blanch, 2010. p. 100-101).
[246] ESPINOSA DE LOS MONTEROS, Rocío Zafra. *El policía infiltrado*: los presupuestos jurídicos en el proceso penal español. Barcelona: Tirant lo Blanch, 2010. p. 105.
[247] *Ibidem*, p. 108.

provas obtidas por aquele que cria o intuito delitivo em terceiro, ou seja, à semelhança de nosso ordenamento, é vedada a influência do agente na chamada fase interna do *iter criminis*.[248]

Assim, seguiremos o conceito moderno de agente provocador, considerando-o como aquele agente que instiga ou determina terceiro a praticar um delito apenas com o objetivo de incriminá-lo, porém impedindo que qualquer lesão ao respectivo bem jurídico protegido pelo tipo penal se efetue.

3.6.2 Diferenças em relação ao infiltrado

A relação entre a infiltração e a provocação deve ser considerada um dos grandes temas no estudo deste meio de obtenção de provas. Afinal, a última marca o limite de validade da primeira.[249]

Iniciemos a comparação entre as figuras pela qualidade do agente. Na infiltração, aquele que a realiza deve obrigatoriamente ser um policial, conforme mencionado anteriormente, enquanto a provocação pode ser efetuada tanto por um funcionário integrante das forças de segurança como um terceiro que auxilia nas investigações.

Além disso, o agente infiltrado retira a validade de sua atuação da lei, enquanto o provocador, além de não encontrar permissão legal para agir, tem sua conduta duplamente sancionada (sanções penais e processuais penais). A provocação é reprimida com a responsabilização penal da conduta do provocador, bem como com a invalidade das provas por ele obtidas.

Outro critério digno de análise é o comportamento dos agentes durante a investigação. Segundo Riquert,[250] a provocação exige uma

---

[248] Na doutrina brasileira, o percurso do crime é dividido em duas grandes fases, interna – ocorre na mente do agente do delito – e externa, que ocorre no instante em que o objetivo do agente é exteriorizado através de atos. A primeira possui a seguinte subdivisão: a) cogitação; b) deliberação; e c) resolução. A fase externa por sua vez é composta pela manifestação, preparação e execução da conduta delitiva (BITENCOURT, Cezar Roberto. *Tratado de direito penal:* parte geral: volume I. 19. ed. São Paulo: Saraiva, 2013. p. 465).

[249] RIQUERT. Marcelo A. El agente encubierto en el derecho penal argentino. *In*: AROCENA, Gustavo A.; BALCARCE, Fabián I.; CESANO, José D. *Tendencias modernas del derecho penal y procesal penal*: libro homenaje a Enrique Bacigalupo. Buenos Aires: Hammurabi, 2013. p. 511.

[250] "Mientras el 'provocador' asume una conducta 'activa', que incita a la comisión del delito, el 'encubierto' debiera asumir un rol de pasividad, de recepción de información para esclarecer el funcionamiento de la organización criminal" (RIQUERT. Marcelo A. El agente encubierto en el derecho penal argentino. *In*: AROCENA, Gustavo A.; BALCARCE, Fabián I.; CESANO, José D. *Tendencias modernas del derecho penal y procesal penal*: libro homenaje a Enrique Bacigalupo. Buenos Aires: Hammurabi, 2013. p. 514).

postura ativa daquele que assume o papel de provocador, ou seja, a ação principal do agente, aquela que caracteriza sua conduta, é a instigação, a formação da vontade delitiva no provocado. Em contraste, a infiltração tem como regra a postura passiva do policial, caracterizada pela tarefa de observação e recebimento de informações.

Isso não significa que o infiltrado atue apenas observando o funcionamento de organizações criminosas ou terroristas. O infiltrado tem o comportamento passivo como característica principal de sua ação, porém, conforme já foi mencionado, os ordenamentos normalmente preveem hipóteses de sua participação em delitos. Neste caso, ao contrário do que acontece com o provocador, a conduta delitiva não é realizada com a finalidade de obter a incriminação de terceiro, mas assegurar o sucesso da investigação e a proteção do agente policial.

Ambos possuem como característica comum a utilização do engano, da dissimulação. Contudo, o engano perpetrado pelo provocador busca criar uma situação de convencimento do provocado para que ele dê início à conduta criminosa pretendida pelo primeiro – que não se consumará –, já o infiltrado utiliza o engano primeiramente para permitir sua entrada na organização criminosa ou terrorista objeto da investigação.

Tais diferenças não são facilmente identificáveis na prática, pois as figuras são muito parecidas e, dependendo do excesso empregado pelo infiltrado na obtenção de provas, pode ser que este recorra à provocação de infrações. Por esse motivo, surgiu na jurisprudência norte-americana do século XX[251] a doutrina ou tese da *entrapment defence*.

O objetivo desta obra é delimitar se o crime em análise foi provocado ou não, ou seja, se o autor do fato atuou com vontade livre ou se esta acabou viciada por ato do Estado, de sorte que sem este não teria dado início à execução da conduta criminosa. Na hipótese de reconhecimento da provocação, o provocado é absolvido.

As cortes norte-americanas entendem que para a aplicação da tese devem ser realizados dois testes, um subjetivo e outro objetivo.

O teste subjetivo busca analisar a predisposição do agente à prática de crimes, portanto trata-se de um critério hipotético. Nesta visão, as cortes tentam examinar se o autor ao tempo da ação policial já possuía vontade de delinquir, ou seja, se o resultado neste teste é

---

[251] Apesar de não existirem registros precisos da época em que esta obra foi desenvolvida, o que se tem conhecimento é que os tribunais americanos passaram a reconhecê-la apenas após o ano de 1870 (ROIPHE, Rebecca. The Serpent Beguiled Me: A history of the entrapment defense. *NYLS Legal Studies Research Paper*, New York, v. 73, n. 12/13, 2013. p. 271).

positivo, o crime não seria instigado pelos agentes, pois o provocado já apresentava o dolo (*willingness*)[252] em executar a conduta típica, de modo que existindo interferência ou não do Estado o delito se efetivaria. O teste objetivo é a verificação da indução do provocado no caso concreto. Vale dizer, a análise da Corte passa da pessoa do investigado para a conduta estatal e serve para esclarecer se esta contribuiu para a contaminação de uma pessoa inicialmente em estado de inocência.[253]

As cortes americanas, a despeito das críticas doutrinárias – que reconhecem a ineficiência e arbitrariedade do teste subjetivo[254] –, aplicam ambos os testes ou apenas o subjetivo, sendo este último caso o de maior incidência.[255]

No âmbito dos julgados do Tribunal Europeu de Direitos Humanos (TEDH), a *entrapment defence* e os problemas relacionados à utilização da infiltração policial normalmente recaem sobre a análise e interpretação do artigo 6.1 da Convenção Europeia de Direitos Humanos (CEDH), que consagra o direito a um julgamento justo (*right of fair trial*), uma vez que, caso constatada a violação a esse dispositivo, os demais dele decorrentes (arts. 3, 8 e 13), por via reflexa, também serão considerados como objeto da violação.[256]

A primeira vez que o referido tribunal se deparou com a questão dos limites da atividade de infiltração, ou seja, com a necessidade de

---

[252] A dificuldade em precisar o conteúdo da predisposição na aplicação da *entrapment defense* é reconhecida até mesmo pela Suprema Corte americana. Em julgamento referência no tema (*United States vs Hollingworth*), o magistrado Richard Posner, divergindo de seus colegas, vota no sentido de que a predisposição não seria simplesmente o desejo do provocado em praticar o crime – posição expressada pela Corte em diversos casos, como *Jacobson vs United States* – mas a soma deste com a aptidão para realizar tal conduta.
O referido caso versava sobre William Pickard e Arnold Hollingworth, respectivamente ortopedista e fazendeiro, que se envolveram em transações frustradas que foram consideradas como atos de lavagem de capitais. Posner expressou o entendimento de que embora os réus tivessem a vontade de praticar o crime (no caso transnacional), não teriam nem a experiência e nem os meios de o realizarem senão por intervenção da polícia (MCADAMS, Richard H. Reforming Entrapment Doctrine in United States v. Hollingsworth. *University of Chicago Law Review*, Chicago, v. 74, 2007. p. 1801).

[253] ROSS, Jaqueline E. Impediments to Transnational Cooperation in Undercover Policing: a comparative study of the United States and Italy. *The American Journal of Comparative Law*, Michigan, v. 52, p. 303-358, 2005. p. 313.

[254] Moscato de Santamaria, por exemplo, critica o teste subjetivo apontando-o como oriundo de meros preconceitos a respeito dos antecedentes do investigado (MOSCATO DE SANTAMARIA, Claudia Beatriz. *El agente encubierto en el Estado de Derecho*. Buenos Aires: La Ley, 2007. p. 27).

[255] ROSS, Jaqueline E. *Op. cit.*, p. 313.

[256] ŠTARIENĖ, Lijana. The Limits of the Use of Undercover Agents and the Right to a Fair Trial Under Article 6(1) of the European Convention on Human Rights. *Jurisprudencija: Mokslo darbu žurnalas*, Moscou, p. 263-283, 2009. p. 265.

diferenciar o agente infiltrado do agente provocador, foi no caso Lüdi, porém o questionamento atingiu maior relevância nos julgados posteriores, nos casos Teixeira Castro *vs* Portugal e Ramanauskas *vs* Lituânia. No caso Teixeira ficou estabelecido que a atividade de infiltração se limita à obtenção de informações, enquanto a provocação consiste na incitação de terceiros à prática delitiva.[257] O caso Ramanauskas aprimorou ainda mais a diferença entre as figuras e indicou a elaboração de um conceito da *entrapment defence*, segundo o qual o marco entre a infiltração e a provocação é o abandono do agente da função essencialmente passiva de obtenção de informações para influenciar o investigado a praticar um delito que ele, sob condições normais, não praticaria, tudo sob o pretexto de obter provas para incriminá-lo.[258]

Mesmo com a elaboração de um conceito, a identificação do momento de transformação do agente infiltrado em provocador é demasiadamente complicada. Essa dificuldade prática culminou no aprofundamento da *entrapment defence* em julgados posteriores pelo TEDH (Milienienè *vs*. Lituânia; Malilinas *vs*. Lituânia; Vanyan *vs*. Rússia), de sorte que a doutrina passou a considerar três aspectos para identificar a violação ao direito a um processo justo (art. 6.1 da CEDH) e, consequentemente, a provocação de delitos.[259]

O primeiro aspecto é a anterior prática ou suspeita da prática de infração semelhante pelo investigado. A referida Corte apresenta jurisprudência flexível acerca desse aspecto, uma vez que já considerou suficiente para sua carcaterização a mera existência de informações concretas acerca da realização de ações iniciais destinadas à prática de crime pelo investigado (Eurofinacom *vs*. França e Sequeira *vs*. Portugal), bem como considerou insuficiente o fato de a autoridade policial possuir informações relacionadas ao envolvimento do investigado com a prática de delitos de mesma espécie daquele apurado (Vanyan *vs*. Rússia[260]) ou dados obtidos unicamente através de testemunha de ouvir dizer (Ramanauskas *vs*. Lituânia[261]) ou de agente policial (Khudobin *vs*. Rússia[262]).

---

[257] Teixeira de Castro *vs*. Portugal, julgado em 09 de junho de 1998, §27.
[258] Ramanauskas *vs*. Lituânia, §55.
[259] ŠTARIENĖ, Lijana. The Limits of the Use of Undercover Agents and the Right to a Fair Trial Under Article 6(1) of the European Convention on Human Rights. *Jurisprudencija: Mokslo darbu žurnalas*, Moscou, p. 263-283, 2009. p. 268.
[260] Vanyan *vs*. Rússia, §49.
[261] Ramanauskas *vs*. Lituânia, §67.
[262] Khudobin *vs*. Rússia, §134.

Embora esse aspecto refira-se a uma análise subjetiva, o Tribunal, infelizmente, não abandonou totalmente a utilização do chamado teste subjetivo tratado linhas acima, que é de difícil sistematização e compreensão racional. Exemplo claro de utilização desse teste é o caso Teixeira, no qual se estabeleceu que a ação dos policiais infiltrados não criou uma vontade criminosa no acusado, mas apenas expôs a intenção preexistente de práticar o delito (tráfico internacional de drogas).[263] Dessa forma, o Tribunal decidiu que não houve violação ao art. 6.1, da CEDH.

O segundo aspecto encontrado nas decisões do TEDH refere-se à legalidade da atividade do agente e pressupõe que para a utilização de um meio de obtenção de prova tão peculiar é necessária a autorização clara e delimitada sobre a medida e que esteja submetida a uma instituição competente para a realização da investigação.[264] Nos casos julgados, a Corte estabeleceu que a autorização deve ser exaustiva, avaliando os motivos e justificativas para utilização da infiltração, bem como os limites da atuação do agente e, de forma alguma, deve ser posterior à deflagração da medida.[265]

O terceiro e último aspecto é também o que levanta maiores questionamentos, a delimitação do envolvimento do agente. Esse aspecto leva em consideração que a Corte estabeleceu incialmente que a ação de infiltração deve ser essencialmente passiva (Teixeira Castro vs. Portugal), porém ainda encontra dificuldades em delimitar quais ações estão englobadas pela referida passividade e quais a desbordam, caracterizando a figura do agente provocador. O Tribunal consolidou que o agente pode participar de crimes que se encontrem em andamento e as ações não podem representar instigação ou tentações adicionais à predisposição do investigado.[266]

Conforme, mencionado anteriormente, a figura do agente provocador no Brasil assemelha-se às situações consagradas pela doutrina e jurisprudência como flagrante preparado.

---

[263] LOUREIRO, Joaquim. *Agente infiltrado? Agente provocador!*: reflexões sobre o 1º Acórdão do T.E.D. Homem, 9 junho 1998; condenação do Estado português. Coimbra: Almedina, 2007. p. 168-169.

[264] ŠTARIENĖ, Lijana. The Limits of the Use of Undercover Agents and the Right to a Fair Trial Under Article 6(1) of the European Convention on Human Rights. *Jurisprudencija: Mokslo darbu žurnalas*, Moscou, p. 263-283, 2009. p. 269.

[265] Khudobin vs. Rússia, §135; Ramanauskas vs. Lituânia, §§63 e 71; Eurofinacom vs. França.

[266] Ramanauskas vs. Lituania, §67. Nesse caso, o TEDH entendeu que houve a violação ao art. 6.1 da CEDH uma vez que todas as tratativas do investigado com os agentes ocorreram por iniciativa dos policiais, de sorte que a ação ultrapassou a noção de passividade.

Em análise a julgados das cortes superiores, especificamente em relação à infiltração policial, constatou-se que mesmo em hipóteses de simulação de compra de drogas por policiais não foi reconhecida a provocação do delito porque o investigado já detinha a substância ilícita, ou seja, ele já possuía a droga em momento anterior ao contato dos policiais.[267]

Em relação à infiltração virtual, observou-se maior profundidade de análise, de sorte que é possível identificar opção semelhante à noção de provocação indicada pelo TEDH, no qual a ação de infiltração deve ser essencialmente passiva.[268]

O Tribunal da Cidadania no julgamento do AgRg nos EDcl nos EDcl no AREsp nº 1039417/RS assentou que a ação policial que se limitou à identificação de usuários de grupo que disseminava materiais de cunho pornográfico infantil, sem a necessidade de troca de *e-mails* ou conversas, bem como solicitação explícita ou implícita de material, não incitou a prática de crime.

Consignou-se, ainda, que o policial infiltrado tinha autorização judicial para entrada no grupo virtual e o perfil por ele utilizado possuía conteúdo pornográfico que já era de conhecimento do grupo, pois pertencente a usuário já participante, de sorte que não houve qualquer inovação no material armazenado. Essa constatação é muito interessante, uma vez que confirma a permissão ao infiltrado de participar de ações criminosas que já se encontrem em andamento, entendimento semelhante ao indicado pelo TEDH e que auxilia na diferenciação entre o agente infiltrado e o provocador.

---

[267] STJ, HC nº 369.677/SP, Rel. Ministro Jorge Mussi, Quinta Turma, julgado em 14.02.2017, *DJe*, 21 fev. 2017.
[268] AgRg nos EDcl nos EDcl no AREsp nº 1039417/RS, Rel. Ministro Rogerio Schietti Cruz, Sexta Turma, julgado em 08.10.2019, *DJe*, 15 out. 2019.

CAPÍTULO 4

PROCEDIMENTO E APROVEITAMENTO DAS PROVAS OBTIDAS COM A INFILTRAÇÃO POLICIAL

4.1 Pressupostos para autorização da infiltração

4.1.1 Introdução

Analisamos as principais características da infiltração de agentes, também chamadas de pressupostos materiais ou externos,[269] e tratamos das diferenças entre o agente infiltrado e outras figuras semelhantes que compõem seu conceito. Neste capítulo, então, abordaremos os pressupostos internos, ou seja, aqueles que possibilitam não apenas a adoção do meio de obtenção de prova, mas principalmente sua adoção de acordo com a estrita legalidade.

Estudaremos o mecanismo conferido pelas leis nº 12.850/13 e nº 8.069/90 para a autorização da infiltração, bem como nos aproveitaremos do direito estrangeiro para elaboração de críticas e preenchimento dos conceitos abertos utilizados pelo referido diploma.

Além disso, abordaremos questões controvertidas que podem vir a surgir na fase de obtenção de prova pelo agente infiltrado, especialmente no tocante ao conflito entre a utilização da infiltração e princípios constitucionais, como a inviolabilidade do domicílio e o *nemo tenetur*. Trataremos ainda da prática de delitos pelo agente infiltrado e seu reflexo na obtenção da prova.

---

[269] ESPINOSA DE LOS MONTEROS, Rocío Zafra. *El policía infiltrado*: los presupuestos jurídicos en el processo penal español. Barcelona: Tirant lo Blanch, 2010. p. 321.

Posteriormente, investigaremos a forma pela qual as fontes e elementos de prova apreendidos pelo agente ingressam no processo. Neste ponto a análise recairá apenas sobre o relatório da operação de investigação e a oitiva do agente policial como testemunha.

Por fim, analisaremos estes dois elementos sob o prisma da valoração da prova, com especial atenção à questão da suficiência desses elementos como fundamento para uma condenação daquele(s) investigado(s).

4.1.2 Procedimento de autorização

Conforme tratado anteriormente neste trabalho, a infiltração policial e os demais meios de obtenção de provas classificados como "métodos ocultos de prova" implicam na relativização de direitos e garantias. Por esse motivo, não são utilizados imediatamente em uma investigação e nem integram o que poderíamos chamar de procedimento rotineiro para a apuração de crimes, pois este é concentrado apenas na polícia e não depende de qualquer outra autoridade.

Diante da mencionada ingerência em direitos fundamentais normalmente é exigida para a deflagração desses meios em uma investigação a existência de autorização ou ao menos uma simples anuência de autoridade diversa daquela que efetivamente coloca em prática o meio de obtenção de prova. Em regra, a autoridade responsável por essa decisão é aquela também responsável pela garantia da higidez da investigação, ou seja, é aquela que supervisiona as limitações a direitos fundamentais e visa coibir suas relativizações desmedidas.

No caso da infiltração policial, meio cuja utilização acarreta a relativização de diversos direitos fundamentais, motivo pelo qual é considerado um meio de obtenção de prova subsidiário, a autorização deve observar alguns pontos importantes.

Em primeiro lugar, devemos identificar o órgão competente para concessão da autorização, pois, em regra, este será o responsável pela fiscalização do procedimento de infiltração.

Dependendo do Estado estudado, verificar-se-á que essa função de fiscalização pode caber ao Ministério Público ou ao Poder Judiciário.

Na Itália, a adoção das operações encobertas (*opperazioni sotto coppertura*), a despeito da confusão entre os diplomas existentes,[270] depende de prévia autorização do Ministério Público.

---

[270] A Lei nº 146/2006 prevê a necessidade apenas de comunicação preventiva da polícia ao Ministério Público, enquanto a Lei nº 269/1998 subordina a adoção da infiltração à prévia autorização deste órgão. Sobre esta discussão, a doutrina se posiciona a favor da adoção

Da mesma forma prevê o direito português. O art. 3.3 da Lei nº 101/2001 fixa a competência do Ministério Público para autorização das investigações encobertas no âmbito do inquérito policial, ou seja, para as investigações repressivas. Essa decisão do Ministério Público deve ser comunicada ao juiz da instrução e, caso este não se oponha em três dias mediante despacho, será ratificada tacitamente.[271] [272]

Na hipótese de autorização para investigações com fins de prevenção de delitos é necessário o requerimento do Ministério Público do Departamento Central de Investigação e Acção Penal ao Juiz de instrução criminal (artigo 3.4, da Lei nº 101/2001).

Na Espanha, por sua vez, a LECrim estabelece no art. 282, inc. 1,[273] que nos casos relacionados à criminalidade organizada a infiltração será autorizada pelo juiz da instrução ou pelo Ministério Público com comunicação imediata ao magistrado.

A legislação espanhola não traz nenhuma indicação de hipóteses ou requisitos que distribuem a competência para autorização entre um órgão e outro. Por esse motivo, a doutrina, tentando delimitar este ponto, divide a infiltração policial em dois momentos. O primeiro momento antecede a entrada do agente na organização criminosa e muitas vezes pode apresentar um grau nulo de relativização de direitos fundamentais, enquanto que o segundo momento se inicia com a entrada propriamente dita do agente policial no seio do grupo criminoso.

---

do dispositivo da lei de 1998, pois consagra a função do Ministério Público de garantidor da legalidade processual e imparcialidade na fase preliminar do processo (STOPPONI, Cinzia. *Le operazioni sotto copertura*. Attività di prevenzione, attività di polizia giudiziaria, riflessi sulla prova dichiarativa. 2008. 125f. Tese (Doutorado em Direito e Processo Penal), Università di Bologna, Itália. 2008. p. 43-47). Cf. VENTURA, Nicoletta. *Le investigazioni under cover dela polizia giudiziaria*. Bari: Cacucci Editore, 2008. p. 42-45.

[271] "Artigo 3º. Requisitos: [...] 3 – A realização de uma acção encoberta no âmbito do inquérito depende de prévia autorização do competente magistrado do Ministério Público, sendo obrigatoriamente comunicada ao juiz de instrução e considerando-se a mesma validada se não for proferido despacho de recusa nas setenta e duas horas seguintes".

[272] Esta opção é muito criticada pela doutrina, pois como a infiltração é uma medida que implica na restrição de direitos fundamentais, deveria ser autorizada apenas pelo juiz da instrução criminal, segundo dispõe, aliás, o art. 32.4 da Constituição Portuguesa (cf. VALENTE, Manuel Monteiro Guedes. *La investigación del crimen organizado*. Entrada y registro en domicilios por la noche, el agente infiltrado y la intervención de las comunicaciones. In: SANZ MULAS, Nieves (Coord.). *Dos décadas de reformas penales*. Granada: Comares, 2008).

[273] "Art. 282, 1. A los fines previstos en el artículo anterior y cuando se trate de investigaciones que afecten a actividades propias de la delincuencia organizada, el Juez de Instrucción competente o el Ministerio Fiscal dando cuenta inmediata al Juez, podrán autorizar a funcionarios de la Policía Judicial, mediante resolución fundada y teniendo en cuenta su necesidad a los fines de la investigación [...]".

Dessa forma, nos casos que recaem sobre esse primeiro momento seria possível a competência do Ministério Público, nos demais seria válida a autorização apenas se emanada de autoridade judicial.[274]

A questão da autorização no processo penal alemão merece atenção especial, tendo em vista que o relacionamento entre a polícia judiciária e o Ministério Público é diverso dos demais países, bem como há uma opção do legislador por conferir a competência para realização do ato ao Ministério Público e ao juiz da instrução, contudo, com algumas particularidades.

O processo penal alemão, de caráter misto,[275] definiu o Ministério Público como órgão responsável pela condução e fiscalização do procedimento de investigação (§160 e seguintes da StPO).

Entretanto, segundo expressão de Roxin, "o Ministério Público é uma cabeça sem mãos", de sorte que as forças policiais são ajudantes do *parquet*.[276] São subordinados funcionais no modelo utilizado pelo processo penal alemão. Embora respondam ao Ministério do interior (*Innenministerium*), as forças policiais são dirigidas pelo Ministério Público (§161, I, da StPO).[277]

Assim, os agentes policiais atuam diretamente na intervenção de direitos fundamentais apenas em algumas ocasiões, como em detenções provisórias e constatação de identidades.[278] Em regra, portanto, a polícia realiza apenas o que a doutrina alemã denomina de "primeira intervenção", ou seja, ao tomar ciência da ocorrência de um fato criminoso

---

[274] Em sentido contrário: "[...] para algunos autores esta atribuición de competencia se apartaría de lo que podríamos denominar un efectivo control judicial, proponiendo una interpretación más acorde con dicho control y que consideramos mucho más acertada, según la cual la competencia de Fiscal se limitaría a proponer la adopción de esta medida, pero no a adoptarla directamente por sí mismo. Pensamos que ni el legislador español ni el portugués fueron conscientes de que la mera autorización para la intervención de un agente encubierto ya suponía una diligencia sumarial restrictiva de derechos fundamentales, puesto que la ocultación de la condición de agente determina por sí sola una restricción del derecho a la intimidad de los miembros de la organización investigada ya que, de otra manera el agente no habría tenido acceso a datos, situaciones y confidencias [...]" (GONZÁLEZ-CASTELL, Adán Carrizo, La lucha..., *op. cit.*, p. 345-346).

[275] Segundo Roxin: "El proceso penal alemán, cuya estructura básica predomina en el continente europeo y que está influenciado de diversas maneras, principalmente por el Derecho francés (cf. Infra §§70, C, y 73, B), combina principios del proceso inquisitivo con los del procedimiento acusatorio puro en que las actividades de persecución penal y de juzgamiento estan repartidas en dos autoridades independientes (fiscalía y tribunal) [...]" (ROXIN, Claus. *Derecho procesal penal*. 2. ed. Trad. Gabriela E. Córdoba y Daniel R. Pastor, rev. Julio B. J. Maier. Buenos Aires: Ed. Del Puerto, 2003. p. 122).

[276] *Ibidem*, p. 121.

[277] BEULKE, Werner. *Strafprozessrecht*. 12. ed. München: C.F. Müller, 2012. p. 68.

[278] *Ibidem*, p. 57.

deve realizar todas as medidas autorizadas e que não admitam demora (§163, I, da StPO)[279] e, em seguida, deve retransmitir imediatamente as informações obtidas ao Ministério Público.[280] Especificamente sobre a infiltração policial, conforme já adiantado linhas acima, a StPO estabelece que a competência para autorização, em regra, é do *parquet*. Entretanto, a atuação deve ser conjunta com a polícia e em alguns casos o relacionamento é entre o juiz da instrução e o órgão policial.[281]

A legislação alemã dá grande importância ao consentimento do Ministério Público, que poderá ou não validar a infiltração. A iniciativa é da polícia, que deve solicitar ao representante do Ministério Público a concordância expressa com a investigação.

Há a possibilidade, entretanto, de esse consentimento não ser inicialmente necessário se, em face do perigo da demora, não puder ser obtido. A investigação pode ter início sem a participação do *parquet*, porém, os elementos e fontes de prova adquiridos, bem como a continuidade da investigação, só terá validade[282] se o consentimento for apresentado[283] em três dias úteis, contados desde a data da autorização e não da nomeação do agente.[284]

Para ilustrar a utilização dessa autorização diferida, imaginemos uma situação na qual a polícia recebe a informação de que a organização criminosa que é objeto da investigação irá realizar uma grande venda de drogas. Constatando ser a infiltração o único meio de obtenção de prova apto a obter algum êxito na investigação, o órgão policial não consegue a autorização do Ministério Público antes da ocorrência do comércio ilícito. Diante desse contexto, a legislação alemã permite, então, a infiltração do agente policial na compra e venda de drogas,

---

[279] A doutrina costuma estabelecer que as ações que estão sob um limite mínimo de intensidade não necessitam de comunicação ao Ministério Público, pois estariam amparadas pelo §163 da StPO, trata-se da "teoria da soleira" (teoria del umbral) (cf. ROXIN, Claus. *op. cit.*, p. 58).
[280] MEYER-GOßNER, Lutz. *Strafprozessordnung*. 51. ed. München: C.H.Beck, 2008. p. 731.
[281] KINDHÄUSER, Urs. *Strafprozessrecht*. 2. ed. Baden-Baden: Nomos Lehrbuch, 2010. p. 104.
[282] Na verdade, nesta hipótese, a sanção processual prevista é a de proibição de valoração dos elementos de prova (*beweisverwertungverbot*).
[283] Segundo o §110b, I, 3, da StPO, a autorização deve ser dada pelo Ministério Público ou pelo Juiz. Contudo, a jurisprudência já decidiu pela desnecessidade de satisfação dessa formalidade, considerando suficiente o consentimento verbal do órgão competente (BGH NStZ 96, 48). Essa posição, entretanto, é criticada pela doutrina (cf. ROXIN, Claus. *Derecho procesal penal*. 2. ed. Trad. Gabriela E. Córdoba y Daniel R. Pastor, rev. Julio B. J. Maier. Buenos Aires: Ed. Del Puerto, 2003. p. 64).
[284] OTT, Katharina. *Verdeckte Ermittlungen im Strafverfahren*. Die deutsche Rechtordnung und die Rechtslage nach der EMRK in einer rechtsvergleichenden Betrachtung. Frankfurt am Main: Peter Lang, 2008. p. 50.

condicionando a validade do material probatório obtido à ratificação *a posteriori* pelo *parquet*.[285]

O direito alemão ainda prevê duas hipóteses nas quais a autorização deve vir do órgão judicial. O §110b, II, da StPO explicita que se a investigação for em relação a um sujeito determinado e se for necessária a entrada do infiltrado em algum domicílio que não permita acesso público – não alcançado pelo teor do §110C, da StPO –, a autorização da investigação deve ser dada por um magistrado.

Nessas hipóteses de autorização judicial no processo alemão também há a possibilidade de se obter uma autorização *a posteriori*. Porém, para evitar o perigo da demora, basta a autorização pelo Ministério Público, que deverá ser ratificada dentro de três dias, sob pena de encerramento da medida e proibição de valoração dos elementos e fontes obtidos nesse período.

No Brasil, a Lei de organização criminosa e o ECA trouxeram previsão diversa em relação ao procedimento de autorização, apresentando maior semelhança com o ordenamento argentino,[286] estabelecendo a necessidade de decisão judicial para início da atuação do agente infiltrado.

Os artigos 10, da Lei nº 12.850/13, e 190-A, inc. I, do ECA consagram a figura do juiz inerte, pois condicionam a cognição judicial a respeito da viabilidade da infiltração à representação do delegado de polícia ou requerimento do Ministério Público. Pela dinâmica do procedimento de autorização nos ordenamentos referidos acima, nota-se que ocorre de forma diversa nos demais países, nos quais o pedido para a realização da infiltração provém do próprio órgão policial, que visa obter a aprovação do Ministério Público ou, apenas em casos especiais, do judiciário (ordenamentos espanhol e alemão).

No direito brasileiro, a representação e a requirição não são consideradas sinônimos. Em matéria de cautelares pessoais, por exemplo, há também a referência do legislador a estes termos quando são abordados os requisitos para decretação da prisão preventiva (art. 311 do Código de Processo Penal). A doutrina estabelece nesses casos, contudo, que a autoridade policial não poderia mesmo requerer a decretação da prisão preventiva porque não é parte, o que demandaria a representação ao

---

[285] Ressalte-se que tal previsão é contrária ao posicionamento do TEDH no caso Ramauskas *vs.* Lituânia, tratado anteriormente.
[286] Art. 31, *bis*: "[...] el juez por resolución fundada podrá disponer, si las finalidades de la investigación no pudieran ser logradas de otro modo, que agentes de las fuerzas de seguridad en actividad, actuando en forma encubierta [...]."

órgão acusatório (Ministério Público), que então apresentaria requerimento ao magistrado pleiteando o deferimento da cautelar.[287] Nos diplomas analisados há uma sutil diferença em relação a essa posição doutrinária, na medida em que o art. 10, §1º, da Lei nº 12.850/13, e o inciso I, do art. 190-A, do ECA estabelecem que, nos casos de representação pela autoridade policial, o juiz competente antes de decidir ouvirá o Ministério Público. Nesse contexto, pela redação dos dispositivos, fica evidente que a representação do delegado deverá se dirigir ao magistrado competente e não ao *parquet*.

Uma observação é necessária em relação aos procedimentos de autorização conferidos pela lei de criminalidade organizada e pelo ECA. No primeiro, nota-se uma tentativa de prestigiar o relacionamento entre o Ministério Público, como fiscal da lei, e a polícia, como órgão investigativo, uma vez que é exigido, antes da decisão, que um órgão apresente manifestação a respeito do pedido feito pelo outro. No ECA não há menção semelhante, porém, consideramos que a Lei nº 12.850/13 representa norma geral em relação à infiltração policial, de sorte que eventuais lacunas nos demais diplomas que prevejam esse meio de obtenção de prova devem ser preenchidas pela referida legislação.

Feita essa ressalva, o relacionamento entre Ministério Público e a polícia é indicado no *caput* do art. 10 da Lei nº 12.850/13, que prevê a elaboração de parecer técnico pelo delegado de polícia, que antecederá a decisão de autorização na hipótese de pedido formulado no curso de inquérito policial pelo Ministério Público. Entendemos que esse parecer técnico deve versar não apenas sobre as características da organização criminosa em que se pretende infiltrar ou investigados – informações a respeito de seus integrantes, como nomes ou apelidos; formas de atuação; locais nos quais opera; em relação à modalidade virtual os dados de conexão ou cadastrais que permitam a identificação do investigado[288] –, mas também sobre a viabilidade prática da infiltração, ou seja, sobre a possibilidade real de executá-la, considerando a existência de funcionários suficientes, treinamento adequado ou capacidade de acompanhamento pela polícia.

---

[287] Cf. BADARÓ, Gustavo Henrique Righi Ivahy. *Processo penal*. 2. ed. Rio de Janeiro: Elsevier, 2014. p. 732.
[288] Tanto a Lei nº 12.850/13 (art. 10-A, §1º, incisos I e II) e o ECA (art. 190-A, §2º, incisos I e II) fornecem o conceito de dados de conexão e dados cadastrais:
[...] I – dados de conexão: informações referentes a hora, data, início, término, duração, endereço de Protocolo de Internet (IP) utilizado e terminal de origem da conexão;
II – dados cadastrais: informações referentes a nome e endereço de assinante ou de usuário registrado ou autenticado para a conexão a quem endereço de IP, identificação de usuário ou código de acesso tenha sido atribuído no momento da conexão.

Essas informações auxiliarão o magistrado ao decidir se autoriza ou não a infiltração policial, pois ele poderá avaliar, em um exame de proporcionalidade, se a medida é verdadeiramente útil à investigação.

Além disso, tratando-se de um parecer técnico, no qual deve ser apresentada ao magistrado a realidade do órgão policial que executará a medida, é recomendável que o delegado não opine sobre a pertinência do pedido ministerial, apenas a respeito da viabilidade da investigação.[289]

Por outro lado, a manifestação do Ministério Público, que antecederá a análise da representação feita pelo delegado de polícia não deve se referir à viabilidade da infiltração. Entendemos que as questões tratadas no parecer técnico do delegado devem integrar o conteúdo da representação pela infiltração, de sorte que o *parquet* atuará neste momento apenas como fiscal da lei, manifestando-se a respeito da legalidade da medida. Portanto, a manifestação recairá sobre a presença dos pressupostos autorizadores e sobre a concordância ou discordância com a possível autorização.

Observamos, ainda, que o pedido em qualquer uma das hipóteses, seja na forma de representação pelo delegado de polícia ou requerimento do Ministério Público, deverá indicar a demonstração da necessidade da medida, o alcance das tarefas do agente, bem como, se possível, a qualificação dos investigados e o local no qual será realizada a investigação (art. 11 da Lei nº 12.850/13).

Em relação à infiltração virtual, observamos que os nomes ou apelidos das pessoas investigadas são obrigatórios para a validade da autorização, de modo que aqui a expressão "se possível" aplica-se apenas a informações referentes aos dados de conexão e cadastrais dos investigados. Vale dizer, ao investigar uma organização criminosa com a utilização da infiltração policial física, bastam informações acerca da própria organização, enquanto que para a utilização da modalidade virtual é necessário ter dados acerca dos nomes ou apelidos dos investigados.

Destacamos também que, dentro da exigência de demonstração da necessidade, o pedido deve conter elementos que apontem para a ineficiência e esgotamento dos demais meios de obtenção de prova. Este é, aliás, pressuposto e característica da infiltração, pois não é possível sua autorização sem que esse contexto de subsidiariedade na investigação esteja comprovado.

---

[289] Cf. FERRO, Ana Luiza Almeida; PEREIRA, Flávio Cardoso; GAZZOLA, Gustavo dos Reis. *Criminalidade organizada:* comentários à lei 12.850, de 02 de agosto de 2013. Curitiba: Juruá, 2014. p. 198/199.

A opção pela infiltração, em síntese, não surge de mero capricho do delegado de polícia ou do Ministério Público. Tratando-se, conforme já mencionamos, de meio de obtenção de prova cuja capacidade para vulneração de direitos é preocupante, sua adoção deve ser embasada em detalhado estudo prévio e desenvolvimento de estratégia de investigação. Entendemos que essa estratégia investigativa ou "plano operacional da infiltração" deve ficar a cargo do órgão policial. Dessa forma, esses dados chegarão ao magistrado através da representação ou por meio do parecer técnico do delegado de polícia, daí a fundamental importância da extensão da obrigatoriedade de manifestação da autoridade policial às infiltrações virtuais.

Segundo Flávio Cardoso Pereira,[290] o plano operacional tem tamanha importância, que ele deve, além de conter as informações necessárias para o convencimento do juiz a respeito da necessidade e adequação da medida, fornecer um prognóstico da operação de infiltração em todas as suas fases,[291] desde o recrutamento e até a retirada do agente.

Essa se mostra a opção mais adequada, pois o Ministério Público, por si só, não possui conhecimentos técnicos e práticos para fornecer todas as informações imprescindíveis para a preparação da operação, como possíveis candidatos para a infiltração, informações sobre treinamento adequado e estratégias a serem utilizadas, bem como dados a respeito do impacto da operação na estrutura da própria polícia judiciária.[292]

A necessidade de uma estratégia prévia para utilização da infiltração realça a importância da polícia judiciária para o procedimento, de sorte que ela representa um papel igual ou até maior do que o

---

[290] Cf. PEREIRA, Flávio Cardoso. *El agente infiltrado desde el punto de vista del garantismo procesal penal.* Curitiba: Juruá, 2013. p. 519-525.

[291] Flávio Cardoso Pereira divide o procedimento de infiltração em sete fases: 1) recrutamento; 2) formação do agente; 3) imersão; 4) infiltração propriamente dita; 5) seguimento-reforço; 6) exfiltração ou retirada e 7) reinserção (*ibidem*).

[292] Fernando Gascón Inchausti entende que: "La infiltración policial presupone el estudio y diseño de una estrategia investigadora ante unos indicios de delincuencia organizada, en cuyo marco se considera adecuado, necesario y proporcionado el recurso ala labor de uno o varios agentes encubiertos. Estas tareas previas – entre las que se incluye la selección y adiestramiento de la persona elegida – corresponden sin lugar a dudas al quehacer policial. Ni el Juez de Instrucción ni el Ministério fiscal disponen de la cualificación y de los conhecimentos técnicos y prácticos para preparar por sí solos una operación de dicho calibre [...]" (GASCÓN INCHAUSTI, Fernando. *Infiltración policial y agente encubierto.* Granada: Comares, 2001. p. 185-186).

Ministério Público. Basta lembrarmos que a infiltração é facultativa, de modo que nem mesmo decisão judicial poderia obrigar o órgão policial a realizá-la.[293] [294]

4.1.3 Forma e conteúdo da autorização

Sobre este tema, tanto a lei de criminalidade organizada quanto o ECA apenas trazem que a decisão que autoriza (ou não) a infiltração deve ser dada no prazo de vinte e quatro horas (art. 12, §1º, da Lei nº 12.850/13) e deve ser *motivada, circunstanciada e sigilosa* (arts. 10, *caput*, da Lei nº 12.850 e 190-A, inciso I, do ECA). Existem críticas a respeito dessa previsão legal,[295] pois o legislador foi tímido ao elaborar o dispositivo e não especificou o conteúdo e, ao nosso ver, nem mesmo a forma a ser utilizada pela autoridade judicial.

As doutrinas pátria e estrangeira apontam como exemplo legislativo em matéria de infiltração o dispositivo semelhante encontrado na lei processual penal belga, que define um conteúdo básico para deflagração de uma operação de infiltração policial. O §47 dessa lei estabelece que da decisão de autorização devem constar quais os delitos que justificam o uso desse meio de obtenção de prova; os motivos que tornam a infiltração indispensável à investigação; as características físicas e nomes dos investigados, se existentes; o procedimento que será utilizado no plano de infiltração; a duração da medida e a qualificação dos superiores hierárquicos do agente infiltrado.

Os ordenamentos estudados trazem proposta semelhante à da lei brasileira e estabelecem a autorização de forma genérica.

Quanto à forma, destacamos a StPO, que no §110b exige apenas que a autorização seja escrita e preveja um período específico de

---

[293] Nesse sentido, aliás, se posiciona a doutrina alemã: "Gegen den Willen der Polizei kann die StA den Einsatz eines Verdeckten Ermittlers nicht anordnen" (O Ministério Público não pode organizar uma operação de infiltração contra a vontade da polícia) (MEYER-GOßNER, Lutz. *Strafprozessordnung*. 51. ed. München: C.H.Beck, 2008. p. 415).

[294] Ana Luiza Almeida Ferro se posiciona no sentido de que, na teoria, existindo autorização judicial, a autoridade policial não poderia se negar a realizar a infiltração. Contudo "na prática não seria de todo modo frutífera tal situação, haja vista que se a autoridade policial se negasse a elaborar um plano de infiltração de umm de seus agentes, o próprio Ministério Público não teria confiança no bom desenrolar da atividade investigativa, fato este que por certo, fulminaria qualquer pretensão de se atingir os objetivos da investigação" (FERRO, Ana Luiza Almeida; PEREIRA, Flávio Cardoso; GAZZOLA, Gustavo dos Reis. *Criminalidade organizada*: comentários à lei 12.850, de 02 de agosto de 2013. Curitiba: Juruá, 2014. p. 197).

[295] *Ibidem*. p. 195.

duração. A jurisprudência alemã, contudo, já admitiu a autorização verbal,[296] bem como por formulário, desde que de seu conteúdo ou dos documentos anexos a ele se possa deduzir que existiu um processo de valoração dos requisitos exigidos pela lei, podendo, em caso de dúvida, a autoridade judicial solicitar a apresentação de informações complementares da medida.[297]

Merece destaque também o ordenamento espanhol. De forma muito semelhante ao Brasil, nesse país a decisão deve se revestir da forma de um auto judicial, portanto escrito,[298] e a legislação menciona apenas a necessidade de motivação e adequação da infiltração aos fins da investigação, bem como consignação do nome verdadeiro do agente e identidade fictícia que será utilizada na operação.

Entendemos ser muito difícil, diante da estrutura do ordenamento jurídico brasileiro e da visão aqui existente sobre o processo, o recurso à autorização puramente verbal. A decisão escrita ou ao menos a redução a termo da decisão oral são importantes manifestações do direito ao contraditório, já que a inexistência de registros da decisão e seus fundamentos, ainda mais ao tratarmos de uma medida extrema como a infiltração, colocaria em risco o exercício do direito de defesa e, consequentemente, a própria apuração dos fatos no processo.

O desrespeito ao contraditório nesse ponto, portanto, representaria um desequilíbrio e em fases futuras do procedimento seria responsável pelo descontrole da atividade probatória, pois há o enfraquecimento de um importante filtro das provas.[299]

Já o problema da autorização por formulário esbarra na (in)capacidade dessa forma em expressar o conteúdo da justificação racional exercida pelo juiz.[300]

---

[296] GASCÓN INCHAUSTI, Fernando. *Infiltración policial y agente encubierto*. Granada: Comares, 2001. p. 207.

[297] "Gegen die Verwendung von Formularen ist entgegen den Bedenken der Revision generell nichts einzuwenden (vgl. zu §114 StPO: BVerfG NJW 1982, 29 [BVerfG 16.10.1981 – 2 BvR 344/81]). Entscheidend ist, wie sie verwendet werden. Es muß deutlich werden, daß ein richterlicher Abwägungsprozeß, eine Einzelfallprüfung auf der Grundlage sämtlicher für den Eingriff relevanten Erkenntnisse stattgefunden hat. Es liegt auch hier wieder in der Verantwortung des unabhängigen Ermittlungsrichters, in Zweifelsfällen auf eine vollständige Vorlage der bisherigen Erkenntnisse zu drängen, bevor er über die Erteilung der Zustimmung entscheidet" (BGH, 23.03.1996 – 1 StR 685/95).

[298] GASCON INCHAUSTI, Fernando. *Op. cit.*, p. 207-208.

[299] Sobre atividade probatória e a importância da preservação dos filtros como garantia de uma valoração racional da prova cf. FERRER BELTRÁN, Jordi. *La valoración racional de la prueba*. Madrid: Marcial Pons, 2007. p. 41-59.

[300] Segundo a jurisprudência alemã (BGH NStZ 96, 48) a exigência de decisão escrita da StPO (§110, b, inc. I, 3) seria apenas uma disposição formal e o desrespeito a ela não implicaria

Ainda sobre a forma da autorização, conforme mencionamos acima, a decisão deve ser circunstanciada, motivada e sigilosa. Enquanto as duas primeiras características dizem respeito ao conteúdo, a terceira traz elemento formal da decisão de autorização e que não deve ser ignorado.

O sigilo é da mesma espécie que o previsto no art. 12 da Lei nº 12.850/13 e que diz respeito ao pedido de autorização. Deve abarcar todo o conteúdo da decisão. Trata-se da consagração de uma das características fundamentais dos meios de obtenção de prova, o denominado "fator surpresa".[301]

Sem o sigilo da autorização a medida perderia totalmente o seu sentido, tendo em vista que a organização investigada poderia saber da existência de um possível agente policial entre seus integrantes e a integridade física desse agente, bem como a de seus familiares, estaria em risco, além da consequente falha na investigação.

Em relação ao conteúdo, a legislação consagra a importância da motivação. Característica fundamental do processo penal, que permite o controle *ex post* da análise dos fatos.

A motivação não é caracterizada apenas pela explicação detalhada de um procedimento – como seria na hipótese de uma autorização que versasse apenas sobre os requisitos formais da infiltração –, e nem mesmo sobre o procedimento lógico ou psicológico utilizado pelo juiz para chegar à decisão. Trata-se, na verdade, de uma justificação posterior à decisão do juiz, cujo objetivo é proporcionar o controle racional dessa decisão.[302]

Vale dizer, a motivação é uma garantia que permite o questionamento dos fundamentos utilizados pelo juiz na tomada de decisões. Ela vincula o responsável pela decisão à lei e é verdadeira expressão do direito à prova.[303] No contexto da infiltração policial, é importante que o juiz motive a autorização, permitindo o questionamento posterior pela defesa e inclusive para que exista o controle a respeito de renovações da medida, o que será visto mais adiante.

---

em uma proibição de valoração. Tal posicionamento, contudo, é criticado por expoentes da doutrina alemã, como Roxin (ROXIN, Claus. *Derecho procesal penal*. 2. ed. Trad. Gabriela E. Córdoba y Daniel R. Pastor, rev. Julio B. J. Maier. Buenos Aires: Ed. Del Puerto, 2003. p. 64).

[301] TONINI, Paolo. *A prova no processo penal italiano*. São Paulo: Revista dos Tribunais, 2002. p. 242.
[302] TARUFFO, Michele. *La prueba de los hechos*. 4. ed. Madrid: Trotta, 2011. p. 435.
[303] FERRER BELTRÁN, Jordi. *La valoración racional de la prueba*. Madrid: Marcial Pons, 2007. p. 64-65.

O conteúdo da autorização, em síntese, pode ser dividido em duas partes. A primeira deve expressar o juízo de proporcionalidade em sentido amplo realizado pelo órgão responsável pela decisão, passando inevitavelmente pelos elementos caracterizadores da infiltração, tratados no segundo capítulo deste trabalho, enquanto que a segunda parte deve traçar alguns limites à infiltração.[304]

Nessa primeira fase o órgão autorizador deve abordar a necessidade e adequação da medida à investigação, bem como a proporcionalidade em sentido estrito.[305]

Especificamente, a decisão deve demonstrar que existem indícios da prática de delito relacionado à criminalidade organizada[306] ou daqueles mencionados no *caput* do art. 190-A do ECA. O §2º do art. 10 da Lei nº 12.850/13 traz essa exigência, de modo que a autoridade deve apresentar elementos que encaixem o fato em alguma das hipóteses do art. 1º, §§1º e 2º da mencionada lei.

A legislação menciona apenas a necessidade de demonstração da existência de indícios de infrações típicas da criminalidade organizada,[307] de forma que não é estritamente necessário que a justificação aponte um específico autor ou autores do fato criminoso.

Embora reconhecida a importância da identificação prévia como um elemento que realça a eficácia da apuração de crimes, a doutrina reconhece que muitas vezes, diante da complexidade da organização que se pretende investigar, com diversas ramificações pelo país e até

---

[304] Embora não exista previsão expressa na lei, a doutrina alemã e o Tribunal Constitucional Alemão (*Bundesgerichtshof*) reconhecem a necessidade de sólida fundamentação, que expresse o sopesamento realizado pela autoridade responsável pela autorização, bem como que indique o preenchimento dos requisitos materiais e formais da medida, sendo insuficiente a mera reprodução do texto legal (*Im Gesetz unerwänht geblieben ist, ob die Zustimmung einer Begründung bedarf. Der BGH hat sich nur in Bezug auf die richterliche Zustimmung iSd Abs. 2 bejahend geäussert. Danach folgt aus §34 stpo, dass die Begründung erkennen lassen muss, dass eine abwägung sämtlicher im Einzelfall relevanter Umstände vorgenommen worden ist. Sie muss alle materiellen und formellen Voraussetzungen abdecken und darf sich nicht in einer blossen Wiedergabe der Eingriffsnormen erschöpfen* – OTT, Katharina. *Verdeckte Ermittlungen im Strafverfahren. Die deutsche Rechtordnung und die Rechtslage nach der EMRK in einer rechtsvergleichenden Betrachtung*. Frankfurt am Main: Peter Lang, 2008. p. 50-51).

[305] Sobre esses elementos confira-se o primeiro capítulo deste trabalho.

[306] Cf. GONZÁLEZ-CASTELL, Adán Carrizo, La lucha contra la criminalidad organizada como reto de la justicia penal ante una sociedad globalizada: análisis comparado de la infiltración policial en las regulaciones española y portuguesa. In: NEIRA PENA, Ana María (Coord.). *Los retos del poder judicial ante la sociedad globalizada*: Actas del IV Congreso Gallego de Derecho Procesal (internacional). La Coruña, 2 y 3 de junio de 2011, 2012. p 346-347; GASCÓN INCHAUSTI, Fernando. *Infiltración policial y agente encubierto*. Granada: Comares, 2001. p. 208-209.

[307] Existem diversas críticas a autorizações genéricas, pois devem existir indícios fortes da prática da infração típica de organização criminosa. cf. *ibidem*. p. 208.

mesmo com membros internacionais, o trabalho de identificação de seus integrantes acaba dificultado.[308] Entretanto, a despeito da possibilidade existente na StPO,[309] não cremos ser possível a autorização de uma infiltração sem que a polícia tenha condições de apresentar uma identificação, ao menos aproximada, de um agente ou grupo de agentes que se pretenda investigar e que serão destinatários do meio de obtenção de prova. Isso porque estamos diante de um alto grau de restrições de direitos, que não pode ser autorizado cegamente e com altas chances de falibilidade diante da ausência de objetivos para a investigação.[310]

Além disso, a opção pela infiltração pressupõe que a investigação já se desenvolve há algum tempo – lembrando que uma de suas características fundamentais é a subsidiariedade –, de modo que deve haver um arcabouço mínimo de indícios e suspeitas sobre a ação de indivíduos ou de grupos criminosos no momento da realização do pedido ao juiz.[311]

Como já indicado, em relação à infiltração virtual é necessário que a autorização aponte ao menos os nomes ou apelidos dos investigados, de sorte que a identificação precisa dos mesmos, caracterizada apenas pelo conhecimento acerca dos dados de conexão e cadastrais exigida pela lei somente "se possível".[312]

Para esse fim, o pedido de autorização e o relatório técnico do delegado (na hipótese de pedido proveniente do Ministério Público) são de extrema importância, pois essas peças irão informar o magistrado a respeito do andamento das investigações e principalmente dos fatos criminosos e possíveis autores que são objeto desta.

Outra exigência, que também foi prevista pelo dispositivo da lei brasileira, é a demonstração de que as fontes e/ou elementos de prova

---

[308] FERRO, Ana Luiza Almeida; PEREIRA, Flávio Cardoso; GAZZOLA, Gustavo dos Reis. *Criminalidade organizada*: comentários à lei 12.850, de 02 de agosto de 2013. Curitiba: Juruá, 2014. p. 202.

[309] MEYER-GOßNER, Lutz. *Strafprozessordnung*. 51. ed. München: C.H.Beck, 2008. p. 415.

[310] Com razão assim se posiciona a doutrina espanhola. Cf. GASCÓN INCHAUSTI, Fernando. *Infiltración policial y agente encubierto*. Granada: Comares, 2001. p. 209.

[311] Monteros opina que deve haver ao menos elementos característicos que possibilitem a identificação de integrantes de uma concreta organização criminosa (ESPINOSA DE LOS MONTEROS, Rocío Zafra. *El policía infiltrado: Los presupuestos jurídicos en el proceso penal español*. Barcelona: Tirant lo Blanch, 2010. p. 339).

[312] A utilização da infiltração virtual ainda que desconhecidos os dados de conexão e cadastro do investigado é bem ilustrada no julgamento do AgRg nos EDcl nos EDcl no AREsp 1039417/RS, no qual a investigação realizada pelo agente infiltrado visava unicamente à obtenção dessas informações, de sorte que ele, utilizando perfil de antigo colaborador de chat privado de pornografia infantil, obteve o endereço de IP dos investigados.

que se pretende obter com a infiltração não puderam ser obtidos de forma menos lesiva a direitos fundamentais. Esse ponto resume o juízo a respeito da necessidade e adequação da medida. A decisão deve tentar afiançar a idoneidade da infiltração, ou seja, que a infiltração pareça promissora e com grandes chances de êxito. Trata-se da formulação positiva do juízo de proporcionalidade em sentido amplo.[313]

Além da representação do juízo de proporcionalidade realizado pelo magistrado, a decisão deve conter os limites da atuação infiltrada. Primeiro ponto a se destacar é o tempo de duração da investigação. A decisão deverá mencionar o prazo de duração da medida, conforme o art. 10, §3º da Lei de Organização Criminosa. Esse dispositivo estabelece que a infiltração será autorizada pelo prazo de até seis meses, permitidas renovações desde que demonstrada a necessidade.

Pela leitura do dispositivo fica evidenciado que o prazo máximo é de seis meses, podendo até mesmo ser menor, tudo dependendo da complexidade da investigação. Contudo, ao contrário do que ocorre na Espanha, onde o órgão judicial competente pela autorização tem informações para encerrar a infiltração a qualquer momento,[314] aqui a legislação estabeleceu que apenas finalizado o prazo estabelecido na autorização, o juiz receberá o relatório da infiltração[315] (art. 10, §4º). Dessa forma, os responsáveis pela análise da necessidade de sustação da operação são na verdade o Ministério Público e a autoridade policial, que podem requisitar o referido documento (art. 10, §4º) e também requisitar o encerramento da investigação, com ciência posterior ao magistrado (art. 12, §3º).[316]

Quanto à necessidade de menção do tempo de duração na decisão, entendemos que aqui nos deparamos com um importante limitador da atuação do agente infiltrado. Evidente que o legislador andou bem ao estabelecer a duração da infiltração, pois a simples autorização já implica em violação de direitos fundamentais, que não pode ter caráter perpétuo.

---

[313] GASCON INCHAUSTI, Fernando. *Op. cit.*, p. 208.
[314] Cf. ESPINOSA DE LOS MONTEROS, Rocío Zafra. *El policía infiltrado: Los presupuestos jurídicos en el processo penal español.* Barcelona: Tirant lo Blanch, 2010. p. 339.
[315] O conteúdo e utilização desse relatório serão analisados em tópicos posteriores deste capítulo.
[316] Ana Luiza Almeida Ferro denomina essa previsão de controle da infiltração pelo Ministério Público e autoridade policial de "flexibilização operativa" (FERRO, Ana Luiza Almeida; PEREIRA, Flávio Cardoso; GAZZOLA, Gustavo dos Reis. *Criminalidade organizada:* comentários à lei 12.850, de 02 de agosto de 2013. Curitiba: Juruá, 2014. p. 213-214).

Ademais, a previsão de um prazo funciona ao mesmo tempo como uma garantia ao agente policial, que, além dos direitos previstos no art. 14, se vê amparado diante de uma tentativa de manutenção da investigação, causa, inclusive, de muitos problemas psicológicos em policiais que realizam esse serviço de investigação.[317]

As legislações posteriores que disciplinaram a infiltração virtual deram maior atenção ao prazo da medida. O ECA estabeleceu o prazo de 90 dias, cujas renovações não poderão exceder a 720 dias (art. 190-A, inciso III), enquanto que o "Pacote Anticrime" indicou o mesmo prazo de 06 meses da infiltração física para as infiltrações virtuais, porém limitou suas renovações a 720 dias.

Entendemos que, uma vez existente esse limite de 720 dias às infiltrações virtuais, o mesmo deve ser aplicado às infiltrações físicas, uma vez que a segurança do agente, com especial atenção aos danos psicológicos, deve ter grande peso na administração da investigação.

A autorização também deve mencionar as ações que o infiltrado pode realizar. Isto é, se a infiltração se limitará à mera observação ao redor da organização criminosa e suas atividades ou se o agente terá permissão para realizar tarefas como transporte e aquisição de objetos, transferência de dados, tudo para facilitar a obtenção de informações sobre o *modus operandi* utilizado pelo grupo ou pelo investigado. Nada impede também que, uma vez na posse dessas informações, o agente possa solicitar uma extensão da autorização, com permissão para a realização de outras atividades que o ajudem a manter seu disfarce e penetrar ainda mais na organização.[318]

A legislação brasileira, contudo, não faz sequer referência a necessidade de previsão dessas ações, assim como os demais ordenamentos, exceto o espanhol, que timidamente prevê no *caput* do art. 282 *bis* que é necessária uma autorização ao agente para adquirir e transportar objetos, proventos e instrumentos do delito, podendo, inclusive, retardar a apreensão dos mesmos para fins da investigação.

A decisão de autorização, em regra, trata apenas das ações passíveis de realização pelo agente infiltrado em um momento preliminar da infiltração. Apenas os atos que advêm do engano elementar do meio de obtenção de prova é que estão autorizados.

---

[317] WAMSLEY, Nicholas. Big Brother Gone Awry: undercover policing facing a legitimacy crisis. *American Criminal Law Review*, Washington, v. 52, n. 1, p. 177-206, 2015.
[318] ZAFRA ESPINOSA DE LOS MONTEROS, Rocío. *El policía infiltrado...op. cit.*, p. 340.

Nesse sentido, leciona Monteros:[319]

> Em nossa opinião, a autorização inicial dará cobertura à atuação enganosa e todas aquelas atuações que derivem diretamente da identidade alterada. Isso porque, ainda que essas atuações possam supor limitações de direitos fundamentais, entende-se que a restrição está legitimada pelo engano, autorizado previamente (pensemos nas autorizações de entradas e conversas mantidas pelo agente com integrantes do meio, que possam afetar o direito de defesa) (Tradução livre).

Diversa é a hipótese das ações que ultrapassem o nível de violação de direitos fundamentais advindos do engano. Caso haja um "plus de lesividade"[320] para o investigado, deve existir a solicitação prévia à autoridade responsável pelo controle da medida, que justificará a restrição do direito fundamental no caso concreto.

Um exemplo é a necessidade de interceptações de conversas de integrantes de uma organização criminosa. A violação das comunicações telefônicas é ação que extrapola o engano habitual às infiltrações, de sorte que é necessário autorização para sua realização.[321]

Devemos observar, contudo, que quando a investigação necessitar desse nível de violação de direitos, não será o infiltrado que realizará a medida. Isso porque, se já com as ações comuns (que advêm apenas do engano e da autorização original e inicial) o agente já se encontra em posição de risco, esse risco seria desnecessariamente incrementado caso tivesse que, por si mesmo, levar a cabo interceptação telefônica, por exemplo.

Assim, a medida restritiva deverá ser cumprida por um agente alheio à operação de infiltração.

---

[319] "En nuestra opinión, la autorización inicial va a dar cobertura a la actuación engañosa y a todas aquellas actuaciones que se deriven directamente de la identidad supuesta. Y ello, aunque estas actuaciones puedan suponer limitación de derechos fundamentales, por entender que la restrición queda legitimada por el engaño, autporizado previamente (piénsese en las entradas por envitación o en las conversaciones que el agente mantiene con alguno de los integrantes del entramado que puedan afectar el derecho de defensa)" (ESPINOSA DE LOS MONTEROS, Rocío Zafra. *El policía infiltrado*: los presupuestos jurídicos en el processo penal español. Barcelona: Tirant lo Blanch, 2010. p. 348).

[320] *Ibidem*.

[321] O ordenamento espanhol prevê expressamente a necessidade de autorização judicial suplementar nessas hipóteses: "Cuando las actuacciones del investigación puedan afctar derechos fundamentales, el agente encubierto deberá solicitar del organo judicial competente las autorizaciones que al respecto estabelezca la Constitución y la Ley, así como cumplir las demás previsiones legales aplicables" (art. 282 *bis*, da LECrim).

Importante destacar também que, em relação às infiltrações virtuais, devemos fazer a distinção entre as comunicações que ocorrem em canal aberto, semiaberto e fechado. O agente, uma vez inserido no ambiente virtual no qual atua o investigado ou investigado, terá acesso ilimitado aos materiais e conversas travadas nesse local.

Os reflexos probatórios dessa exposição do agente no ambiente virtual às conversas será tratado com maior aprofundamento nos itens seguintes, porém, por enquanto, salientamos que as comunicações em canal aberto e semiaberto não necessitam de autorização adicional para a obtenção do conteúdo das conversas, uma vez que não há violação ao sigilo das comunicações.[322]

Da autorização também deve constar a identidade do agente policial que exercerá a tarefa de infiltração.

Evidente que, para mencionar esse ponto na decisão, o magistrado deve ter acesso à identidade real do agente infiltrado, pois deve ser permitido a ele avaliar se autoriza ou não a medida dependendo do funcionário que será infiltrado.[323]

A decisão deverá conter apenas a autorização do uso da identidade alterada, pois a verdadeira deverá permanecer em sigilo para não prejudicar a investigação e a integridade do agente. Entretanto, duas questões devem ser levantadas. Pode o órgão responsável pela autorização determinar a pessoa do agente que será infiltrado e como a identidade verdadeira deve ser mantida em sigilo?

Em relação à primeira questão, não nos parece possível que o juiz possa exigir um determinado policial para realizar a tarefa de infiltração. A informação a respeito da verdadeira identidade deve ser colocada sob conhecimento do magistrado apenas para submetê-la às regras de impedimento e procurar assegurar a validade das provas que se pretende obter com a medida.[324]

Dessa forma, o magistrado pode apenas refutar a escolha do agente com fundamento nas regras de impedimento, porém a escolha do profissional cabe à autoridade policial que, conforme já destacado ao tratarmos do parecer técnico do delegado de polícia, possui mais

---

[322] Ibidem. p. 161.
[323] MEYER-GOßNER, Lutz. Strafprozessordnung. 51. ed. München: C.H.Beck, 2008. p. 416; cf. GASCÓN INCHAUSTI, Fernando. Infiltración policial y agente encubierto. Granada: Comares, 2001. p. 210-211.
[324] Qualquer ato praticado pelo juiz impedido é sancionado processualmente com a nulidade absoluta, de sorte que os atos dele derivados (por consequência a obtenção das fontes de prova pelo infiltrado) também seriam nulos.

condições de avaliar as características exigidas do agente para o cumprimento satisfatório da tarefa de infiltração.

Além disso, a doutrina espanhola,[325] que se direciona para a impossibilidade de escolha do agente policial pela autoridade responsável pela autorização, reconhece que nesse ponto existiria afronta a dispositivo expresso de lei a respeito do assunto (art. 282 *bis*. 2. II da LECrim) e que o ato redundaria na disposição das forças policiais pelo judiciário em desrespeito à hierarquia interna da polícia.[326]

A segunda questão tem solução mais conturbada. Isso porque a lei de organização criminosa não traz a forma pela qual será garantido o sigilo da identidade real do agente e como essa informação chegará ao magistrado, assim como a lei de proteção a vítimas e testemunhas, que rege o procedimento para alteração do nome do agente.

Analisando a doutrina estrangeira, encontramos atenção a essa questão apenas nos autores espanhóis, que buscam delimitar o conteúdo da decisão que autoriza a infiltração, pois a lei estabelece apenas a necessidade de motivação.

Gáscon Inchausti[327] apresenta como solução ao problema a possibilidade de o juiz ratificar a identidade alterada na decisão de autorização, enquanto as informações a respeito da identidade real do agente são encartadas em autos apartados e guardados na sede policial.

Entendemos correta a ideia de separar os documentos relacionados às identidades, bem como a manutenção da identidade real em autos apartados. Esse entendimento foi observado pelas legislações posteriores ao tratarem da infiltração virtual, uma vez que determinaram que o juiz zelará pelo sigilo das informações da operação de infiltração (art. 190-B do ECA e 10-B da Lei nº 12.850/13), tendo o "Pacote Anticrime" aprofundado ainda mais ao prever no parágrafo único do art. 10-B que "Antes da conclusão da operação, o acesso aos autos será reservado ao juiz, ao Ministério Público e ao delegado de polícia responsável pela operação, com o objetivo de garantir o sigilo das investigações" e no art. 10-D que os atos eletrônicos praticados durante a operação serão reunidos em autos apartados e apensados no processo juntamente do

---

[325] Cf. GASCÓN INCHAUSTI, Fernando. *Infiltración policial y agente encubierto*. Granada: Comares, 2001. p. 210.
[326] A doutrina alemã, por sua vez, mostra-se dividida a respeito do assunto. MEYER-GOßNER pronuncia-se a favor da possibilidade de escolha da pessoa do agente pelo juiz ou membro do Ministério Público – "StA und Richter können aber die Benennung der Person des Verdeckten Ermittlers von der Polizei verlangen" – (MEYER-GOßNER, Lutz. *Strafprozessordnung*. 51. ed. München: C.H.Beck, 2008. p. 416).
[327] GASCÓN INCHAUSTI, Fernando. *Op. cit.*, p. 209-210.

inquérito policial, *"assegurando-se a preservação da identidade do agente policial infiltrado e a intimidade dos envolvidos"* (grifo nosso).

4.1.4 Descoberta fortuita de provas de infrações penais

Durante a infiltração o agente entra em contato com os mais variados tipos de informações, especialmente aquelas relacionadas à prática de infrações penais pela organização criminosa ou terceiros em contato com o investigado. Dessa forma, evidente que há grande possibilidade de que, ao investigar alguns delitos específicos, o agente infiltrado se depare com elementos que indiquem a prática de outras infrações que não estão englobadas pela autorização judicial.

Nesse contexto de descoberta fortuita de infrações penais, ou encontro casual de provas,[328] devemos delimitar o procedimento a ser seguido pelo agente, sem que o contato com essas informações prejudique a investigação inicialmente realizada.

O encontro fortuito pode ser de dois graus.[329] O primeiro grau é aquele em que são encontradas provas de fatos conexos (ou continentes) àquele investigado. Nessa hipótese, a doutrina e a jurisprudência admitem a utilização das provas obtidas como elementos de juízo.[330] No encontro de segundo grau, a situação é inversa, pois há a descoberta de provas de fatos não conexos, de modo que são admitidos apenas como *notitia criminis*.

Em relação ao agente infiltrado e a descoberta fortuita algumas observações devem ser feitas. Enxergamos diferentes cenários em que isso pode ocorrer, a descoberta de provas de fatos conexos e praticados pela organização criminosa ou pelo investigado que admitam ou não a infiltração ou a descoberta de provas de fatos sem conexão. A questão, em cada uma dessas possibilidades aventadas, reside na possibilidade de extensão da autorização anteriormente concedida.

No tocante aos fatos conexos que admitam infiltração, observamos ser possível a extensão, que deverá ser pedida pelo infiltrado à

---

[328] A doutrina tem utilizado termo específico para se referir ao encontro fortuito de provas chamado serendipidade. Segundo Luiz Flávio Gome, o termo vem do inglês *serendipity*, cujo sentido é a descoberta de coisas por acaso. O termo foi cunhado pelo escritor inglês Horace Wallpole, no conto os "três príncipes de Serendip", que sempre descobriam coisas que não procuravam (GOMES, Luiz Flávio; CUNHA, Rogério Sanches. *Legislação criminal especial*. São Paulo: Revista dos Tribunais, 2009. p. 474).
[329] *Ibidem*. p. 475.
[330] Elementos de juízo, segundo Ferrer Beltrán, são aqueles elementos de prova que integram o conjunto que será submetido à valoração do magistrado na sentença (FERRER BELTRÁN, Jordi. *La valoración racional de la prueba*. Madrid: Marcial Pons, 2007. p. 74).

autoridade policial ou até mesmo ao Ministério Público, pois esse órgão também pode requisitar a qualquer tempo informações do infiltrado a respeito do andamento da investigação, que, então, farão o requerimento ao magistrado.

O segundo cenário mencionado (delitos conexos que não admitem a infiltração), por sua vez, apresenta maiores questionamentos. Não existem dúvidas de que não é possível uma decisão judicial que autorize a infiltração para a investigação de delitos que não se enquadrem no art. 1º da Lei nº 12.850/13. Contudo, outro deve ser o raciocínio se a descoberta acontece casualmente e durante a investigação de delitos que admitem a autorização.[331]

Vale dizer, se há uma infiltração licitamente autorizada em curso, a descoberta casual de provas de fato conexo não pode ser ignorada, valendo não apenas como *notitia criminis*, mas também como elemento de juízo.[332] Entretanto, não é interessante que o agente persista na investigação destes delitos.

Quanto aos delitos que não possuem conexão (ou continência) com as infrações que constam da autorização, é possível a utilização das provas obtidas para comunicar a ocorrência do fato à autoridade policial ou ao Ministério Público, que iniciarão novo procedimento de investigação.[333]

É possível, ainda, que o agente infiltrado obtenha provas de delitos praticados por outras organizações criminosas. Entretanto, nesta hipótese entraríamos no campo da extensão subjetiva da autorização. Nesse ponto, concordamos com Monteros,[334] no sentido de que, em havendo conexão entre diversos grupos organizados, o agente infiltrado deverá comunicar o fato à autoridade policial (ou ao Ministério Público) que iniciará nova investigação para a apuração das ações destes outros

---

[331] Nesse sentido, cf. GASCÓN INCHAUSTI, Fernando. *Infiltración policial y agente encubierto*. Granada: Comares, 2001. p. 222. O autor espanhol possui a opinião de que a extensão objetiva da autorização somente é possível para os delitos que autorizam a infiltração, de modo que a prova obtida que diga respeito àqueles que não se enquadram nesse grupo deve ser encaminhada à autoridade policial e o agente deve se abster de prosseguir na investigação dessas infrações.

[332] Em sentido contrário cf. ESPINOSA DE LOS MONTEROS, Rocío Zafra. *El policía infiltrado*: los presupuestos jurídicos en el processo penal español. Barcelona: Tirant lo Blanch, 2010. p. 342-343.

[333] Ao tratar da matéria no campo das interceptações telefônicas, a jurisprudência brasileira afasta-se da doutrina majoritária e decide no sentido de que mesmo na hipótese de infrações que não tenham conexão com os delitos investigados é possível a utilização das provas casualmente descobertas na valoração dos fatos (LIMA, Renato Brasileiro de. *Manual de Processo Penal*. 3. ed. Salvador: JusPODIVM, 2015. p. 749).

[334] ESPINOSA DE LOS MONTEROS, Rócio Zafra. *Op. cit.*, p. 343.

grupos e que poderá, nessas novas investigações, requerer a autorização para uma nova infiltração.

Outra é a hipótese de extensão da investigação a integrantes da organização cuja atuação se desconhecia à época da autorização, conforme já tratado anteriormente.

4.2 O agente infiltrado e as ações desenvolvidas na obtenção de provas

4.2.1 A infiltração e a afetação do direito à privacidade

Autorizada a infiltração, o agente deverá realizar ações que não desbordem dos limites estabelecidos na decisão judicial e ao mesmo tempo sejam suficientes para alcançar os objetivos da investigação. São diversas as atividades passíveis de realização pelo infiltrado, de modo que é muito difícil enumerá-las, porém é importante destacar que sempre guardarão relação com a utilização do engano como técnica de estabelecimento de relações com os integrantes de grupos criminosos.[335]

Outro pressuposto da atuação concreta do agente infiltrado é a realização da função por policial previamente treinado e instruído para proceder em uma infiltração. Entretanto, esse ponto (conteúdo e forma do treinamento e preparação do agente), sob a ótica do processo penal não traz tantas contribuições, de sorte que não será objeto deste trabalho.

Nos concentraremos, portanto, na análise de ações normalmente realizadas pelo infiltrado na obtenção de fontes e elementos de prova que implicam na restrição de direitos fundamentais específicos.

Inicialmente, destacamos que, em regra, a infiltração sempre confrontará o direito à privacidade.

A privacidade se refere ao respeito à vida privada e familiar do indivíduo, a todas as informações que a compõem, bem como a quem e como se pode ter acesso a elas.[336] Trata-se do núcleo da vida interna,

---

[335] Os ordenamentos jurídicos raramente especificam atividades concretas que podem ser realizadas pelo agente infiltrado na obtenção de provas. Exceção é o ordenamento italiano, que prevê modalidade especial de infiltração digital – Lei nº 269 de 3 de agosto de 1998 –, destinada à apuração de delitos de pornografia e prostituição infantil.

[336] O direito alemão se refere ao direito à privacidade como direito à autodeterminação informativa (*informationelle Selbstbestimmung*). Trata-se de direito de personalidade, pelo qual deve ser garantida ao indivíduo a capacidade de controlar a exposição e utilização de seus dados pessoais, ou seja, quando e sob quais condições esses dados poderão ser revelados (OTT, Katharina. *Verdeckte Ermittlungen im Strafverfahren*. Die deutsche Rechtordnung und die Rechtslage nach der EMRK in einer rechtsvergleichenden Betrachtung. Frankfurt am Main: Peter Lang, 2008. p. 67).

onde estão abrigadas as mais íntimas convicções, relações com outras pessoas, tudo que não é exteriorizado na vida pública.[337]

Segundo o Tribunal Constitucional alemão (*Bundesverfassungsgerricht*) a proteção à privacidade pode ser explicada pela teoria das esferas.[338] Essa teoria estabelece que a privacidade é composta por três níveis que englobam as ações da vida do indivíduo e o determinado grau de privacidade pelo qual a ação é protegida.

O primeiro nível (*Sozialbereich* ou *Privatsphäre*) trata dos acontecimentos e comportamentos que se quer longe do alcance do público, como o direito à imagem[339] ou conversas de negócios. As ações alcançadas por essa esfera não necessitam de nenhuma proteção especial.[340]

A segunda esfera (*Vertrauensphäre*), por sua vez, tem como objeto de proteção o âmbito das informações trocadas com pessoas de confiança, presente em conversas entre familiares, por exemplo. Nesse nível, a relativização do direito à privacidade deve observar o sopesamento entre esse direito fundamental e o interesse estatal.

Por outro lado, a terceira esfera (*Geheimsphäre*) visa a um nível a mais de intimidade do que a esfera anterior. Aqui há a proteção às informações trocadas com um grupo mais restrito de pessoas, de sorte que ninguém além delas tem conhecimento. É o que acontece com certos segredos profissionais e, ainda, com as informações trocadas com o cônjuge na intimidade do casal.[341]

Essa teoria é de grande auxílio para o estabelecimento dos limites da ação do agente infiltrado, pois, como já dissemos, a relativização do direito à privacidade sempre ocorrerá na infiltração policial.

Embora esse direito seja afetado também por outros meios de obtenção de prova, como ocorre na busca e apreensão ou até na interceptação de comunicações, não custa lembrar que um dos grandes problemas da infiltração é a vulneração constante aos direitos fundamentais. Não ocorre um ato isolado que incorre na relativização, mas sim uma mitigação duradoura, contínua.

---

[337] ALMEIDA, José Raul Gavião de. Anotações acerca do direito à privacidade. *In:* MIRANDA, Jorge; SILVA, Marco Antonio Marques da (Coord.). *Tratado luso-brasileiro da dignidade humana*. 2. ed. São Paulo: Quartier Latin, 2009. p. 720.

[338] Também conhecida como teoria dos três níveis (*Dreistufentheorie*). cf. BEULKE, Werner. *Strafprozessrecht*. 12. ed. Hamburg: C.F. Müller, 2012. p. 317-318.

[339] ALMEIDA, José Raul Gavião de. Anotações acerca do direito à privacidade. *In:* MIRANDA, Jorge; SILVA, Marco Antonio Marques da (Coord.). *Tratado luso-brasileiro da dignidade humana*. 2. ed. São Paulo: Quartier Latin, 2009. p. 720. p. 720.

[340] BEULKE, Werner. *Strafprozessrecht*. 12. ed. Hamburg: C.F. Müller, 2012. p. 318.

[341] *Ibidem*.

Segundo Gáscon Inchausti, toda infiltração se divide em duas fases, uma primeira de "posicionamento" (*ubicación*) do agente, na qual é estabelecido o contato com o ambiente criminoso e com as pessoas que o integram e é obtido conhecimento a respeito do funcionamento da organização, sua estrutura e integrantes. Essa fase, aliás, é importantíssima para a delimitação da investigação e serve para esclarecer o que deve ser investigado pelo agente infiltrado e o que pode ser objeto do trabalho de outros policiais.

Assim, enquanto a primeira fase é composta por tarefas de caráter "policial", a segunda fase tem maiores traços de investigação propriamente dita, de verdadeira obtenção de provas, pois é neste momento que o agente cria verdadeiros laços entre integrantes específicos e busca obter elementos para apuração dos crimes por eles praticados.

Embora parcela da doutrina entenda que há mitigação de direitos fundamentais apenas na segunda fase,[342] ousamos discordar. Evidente que na segunda fase da infiltração a linha entre o que é permitido pela autorização e o que não é muito mais tênue, porém, o engano está presente desde o início da investigação e ele é utilizado para obter as informações mais básicas a respeito do funcionamento da organização criminosa. Por esse motivo, entendemos que desde o princípio há ao menos a relativização do direito à intimidade dos investigados.

Se considerarmos a mencionada teoria das esferas, a primeira fase da infiltração, por se referir apenas a atividades que visam delimitar ainda mais a investigação anteriormente autorizada, afetaria somente a primeira camada.

Na segunda fase, por outro lado, presume-se que a investigação já se direciona a sujeitos determinados, em relação aos quais o agente deve buscar desenvolver e construir uma relação mais íntima. Aqui o engano é utilizado para descobrir informações que fogem àquelas mais simples, de sorte que o impacto ao direito à privacidade dos investigados é bem maior e toca a esfera relacionada à confiança.

Portanto, embora desde o início a infiltração implique na relativização de direitos fundamentais (a privacidade, como visto), nos interessa a análise de sua segunda fase, pois aqui a relação entre o interesse estatal na apuração de delitos e a proteção dos direitos fundamentais conexos à privacidade se intensifica.

---

[342] ESPINOSA DE LOS MONTEROS, Rocío Zafra. *El policía infiltrado*: los presupuestos jurídicos en el processo penal español. Barcelona: Tirant lo Blanch, 2010. p. 180-181.

Em relação à infiltração virtual, observo que a análise do direito à privacidade indica outros caminhos a serem considerados. Como tratado rapidamente no ponto anterior, as comunicações virtuais podem ser de canal aberto, semiaberto e fechado.

As comunicações de canal aberto são aquelas que se formam em páginas de livre acesso, fóruns, *chats* ou grupos de notícias não restritos a servidores FTP.[343] Diversas são as comunicações travadas em canais fechados, que são aqueles nos quais o livre acesso é restringido, tais quais as que ocorrem em *e-mails* e mensagens instantâneas.

As comunicações em canal semiaberto são aquelas dirigidas a um grupo numeroso, determinável e de pessoas conscientemente escolhidas pelo remetente, tais como as que ocorrem em *chats* privados. Essa espécie não deixa de ser uma comunicação realizada em canal fechado, uma vez que não há mais o componente do livre acesso, porém, o que a diferencia é a expectativa de privacidade[344] de seus integrantes.

Rafael Sidi Machado da Silva, ao tratar da expectativa de privacidade nas comunicações telemáticas, explica que:[345]

> A comunicação em canal semiaberto não deixa de ser comunicação fechada, porém a inclusão de um grande número de destinatários, que quantificamos em vinte, seja num email, seja num site de relacionamento, seja num chat, importa, a nosso ver, em declínio tácito do direito ao sigilo, não importando eventual acesso do Estado àquele conteúdo em violação do sigilo das comunicações. A tal conclusão se chega em razão de o remetente, ao incluir tantos destinatários numa comunicação, estar agindo sem expectativa de privacidade ou com expectativa de privacidade tão reduzida, a ponto de iguálá-la àquela incidente sobre as comunicações em *canal abierto*, excluindo-se a conversa do âmbito de proteção do direito ao sigilo das comunicações. Dito de outro modo, seria como situar aquela comunicação fora do círculo concêntrico da intimidade e, mais do que isso, fora também do próprio círculo, mais amplo, da privacidade.

---

[343] SILVA, Ricardo Sidi Machado da. *A interceptação das comunicações telemáticas no processo penal*. 2014. 266 f. Dissertação (Mestrado em Direito) – Faculdade de Direito, Universidade de São Paulo, São Paulo. 2014. p. 128. Servidores FTP (*File Transfer Protocol*) são aqueles servidores que permitem, por intermédio de uma rede de computadores, um serviço de acesso para usuários a um disco rígido ou servidor de arquivos através do protocolo de transferência de arquivos.

[344] Expectativa de privacidade consiste na "razoabilidade da crença do indivíduo em que, em determinada circunstância, ninguém, além do(s) interlocutor(es) de sua escolha, poderá conhecer o teor de suas comunicações, sejam aquelas travadas de forma presencial e direta, sejam aquelas que se desenvolvem através de transmissão à distância" (*ibidem*, p. 67).

[345] *Ibidem*, p. 161.

Em relação à obtenção da prova em canais abertos e semiabertos de comunicação, observo que se aplica o raciocínio indicado acima, pelo qual o investigado, ao enviar materiais ou informações que sejam de interesse da investigação para o conhecimento do grupo aberto ou privado, estaria abrindo mão da expectativa de privacidade que asseguraria a inviolabilidade de sua comunicação. Ainda que a manutenção do agente infiltrado no ambiente virtual do grupo no qual foram veiculadas as informações decorra da utilização do engano, entende-se que o emissor das informações optou por divulgá-las com outras pessoas, de sorte que não se caracteriza situação de vício em sua vontade.

Por outro lado, maiores questionamentos cercam a troca de dados entre o investigado e o agente infiltrado em canal fechado de comunicação.

Feitas as considerações acerca do conflito entre a privacidade e a infiltração policial, observa-se que os países abordados e especialmente a experiência alemã apontam duas situações dignas de estudo acerca do meio de obtenção de provas: a) a questão da entrada do infiltrado em domicílios e b) a realização de conversas semelhantes a um interrogatório.

a) Entrada do agente infiltrado em domicílios

Essa situação aplica-se exclusivamente a ambientes físicos e consiste na ação do agente infiltrado que relativiza o direito à privacidade, manifestado na proteção constitucional do domicílio. Busca-se, portanto, a composição entre a investigação criminal e a norma que determina a inviolabilidade das habitações privadas.

Domicílio é o espaço físico no qual o indivíduo desfruta da privacidade, em suas várias expressões. Nesse espaço o indivíduo não deve sofrer intromissão de terceiros e deverá gozar da tranquilidade da vida íntima.[346]

No Brasil, a garantia da inviolabilidade do domicílio está expressa no art. 5º, inc. XI, da Constituição da República Federativa do Brasil com a seguinte disposição: "a casa é asilo inviolável do indivíduo, ninguém nela podendo penetrar sem consentimento do morador, salvo em caso de flagrante delito ou desastre, ou para prestar socorro, ou, durante o dia, por determinação judicial".

O objeto desse dispositivo é todo lugar privativo, ocupado por alguém, com direito próprio e de maneira exclusiva, mesmo sem caráter definitivo ou habitual. Desde já, podemos excluir da proteção

---

[346] MENDES, Gilmar Ferreira; COELHO, Inocêncio Mártires; BRANCO, Paulo Gustavo Gonet. *Curso de direito constitucional*. 4. ed. rev. e atual. São Paulo: Saraiva; IDP, 2009. p. 430.

constitucional aqueles lugares abertos ao público, pois não há qualquer importunação ao direito à privacidade. Por outro lado, constitui domicílio a morada coletiva (quarto de hotel, de pensão, de motel etc.), na medida em que se trata de local isolado do ambiente externo, onde o indivíduo pode desenvolver atividades que pretenda excluir do conhecimento do público.

No tocante à infiltração, segundo a experiência alemã, para adentrar habitações privadas, em regra, o agente infiltrado (assim como todo policial) necessitaria de autorização judicial (adicional àquela que dá início à infiltração), contudo, o grande problema reside nas hipóteses em que o agente é convidado pelo titular da morada e esse convite ocorre apenas por conta da situação de engano criada para possibilitar a investigação. A dificuldade reside, então, na busca por uma forma de conciliar a entrada do agente com fundamento na utilização do engano e o aproveitamento das fontes e elementos de prova descobertos com a ação.

Em circunstâncias normais o engano invalidaria qualquer consentimento do titular do domicílio, pois este seria obtido de forma viciada e contra a verdadeira vontade do indivíduo, que seria demonstrada se não estivesse em situação fictícia.

Observe-se que a exigência de obtenção de uma autorização suplementar para o aceite do convite levantaria grandes suspeitas sobre a identidade do agente e colocaria tanto ele, como seus familiares e toda a operação em risco. Ao mesmo tempo é inadmissível solução que implique na elaboração pelo magistrado de autorização que preveja genericamente a possibilidade de que o policial entre em domicílios e, assim, possibilite o livre acesso a qualquer local.[347] Nessa segunda situação, existiria grave violação aos direitos à privacidade e inviolabilidade de domicílio, bem como ao postulado da proporcionalidade.

Na Alemanha, essa questão é amplamente debatida porque há dispositivo expresso na StPO que permite a entrada do agente infiltrado em domicílios privados, desde que obtido o consentimento do morador com a utilização da identidade alterada (§110c).

Parte considerável da doutrina[348] entende que esse dispositivo é inconstitucional, pois representa um abuso ao §13, da Constituição

---

[347] ESPINOSA DE LOS MONTEROS, Rocío Zafra. *El policía infiltrado*: los presupuestos jurídicos en el processo penal español. Barcelona: Tirant lo Blanch, 2010. p. 196-197.

[348] Meyer-Goßner menciona que Frister, Nitz, Roxin, Schneider, Hilger e Hanack escrevem no sentido da inconstitucionalidade do dispositivo (MEYER-GOßNER, Lutz. *Strafprozessordnung*. 51. ed. München: C.H.Beck, 2008. p. 419).

alemã, que protege a inviolabilidade do domicílio, já que o consentimento do titular surgiria diretamente do engano proporcionado pela identidade alterada (*legende*) que o colocou em situação de erro. Além disso são apontadas outras irregularidades nessa ação do agente infiltrado, que não poderia registrar formalmente as descobertas feitas no interior do imóvel, como ocorre no procedimento permitido pelo dispositivo constitucional (§13, II) e nem está prevista como forma excepcional de relativização do mencionado direito fundamental, como ocorre com o monitoramento acústico (§13, III).[349]

Entretanto, a jurisprudência e a doutrina majoritária reconhecem que o dispositivo não representa abuso considerável à inviolabilidade do domicílio pelos seguintes fundamentos:

i) Permite-se apenas a entrada "aberta" ao domicílio, ou seja, apenas com o consentimento do titular, de sorte que são proibidas entradas ocultas, ou qualquer forma de obtenção de informações sem a ciência do morador.[350]

ii) O engano não implica no vício do consentimento do morador, pois autorizado pelo juiz. O sentido desse fundamento é o de que o agente infiltrado só está autorizado a realizar as ações que não desbordem da situação de erro inicialmente criada (aquela que surge pela utilização da identidade alterada), ou seja, ele deve se ater aos limites do consentimento do indivíduo e não pode extrapolar o engano que advém da *Legende*. Um exemplo de situação proibida é a do policial que entra no domicílio alheio disfarçando-se de eletricista ou outro tipo de prestador de serviços, normalmente vinculado ao Estado.[351]

No Brasil, como já mencionamos, não há artigo de lei que verse expressamente sobre a possibilidade do agente infiltrado entrar em domicílios. Além disso, a interpretação dada ao dispositivo constitucional que tutela a inviolabilidade do domicílio é a de que o consentimento do morador não pode ser obtido de forma enganosa ou viciada,[352] sob pena de atingir o direito à privacidade.[353]

---

[349] ROXIN, Claus. *Derecho procesal penal*. 2. ed. Trad. Gabriela E. Córdoba y Daniel R. Pastor, rev. Julio B. J. Maier. Buenos Aires: Ed. Del Puerto, 2003. p. 65.
[350] MEYER-GOßNER, Lutz. *Strafprozessordnung*. 51. ed. München: C.H.Beck, 2008. p. 419.
[351] *Ibidem*.
[352] Esse também é o entendimento conferido ao ordenamento argentino. Cf. GUARIGLIA, Fabricio. *El agente encubierto. Un nuevo protagonista en el procedimiento penal?* Disponível em: www.cienciaspenales.org. Acesso em: 05 maio 2015. p. 30.
[353] Segundo Pitombo, "A anuência, porém, há que ser real e livre. O consentimento deve ser expresso. Inadmissível a simples autorização tácita, a menos que, de modo muito

Diante desse contexto não seria possível o entendimento de que a existência da autorização judicial sem menção específica à entrada em domicílios e nem mesmo direcionada à investigação de algum investigado ou local predeterminado outorgasse amplos poderes de busca ao policial pelo simples fato de atuar infiltrado e com a alteração de sua identidade.

Outra consideração, entretanto, deve ser feita. Ainda que não seja possível um amplo poder para realização de buscas, é certo que não seria razoável exigir do agente que recusasse entrar no domicílio diante de convite do investigado e titular da morada ou que ele aguardasse uma autorização judicial para fazê-lo. Observa-se, portanto, um conflito entre o direito à privacidade do investigado e a incolumidade física do agente policial.

Desse modo, queremos propor uma solução intermediária ao mencionado conflito. Com fundamento no engano inerente à infiltração, o agente pode adentrar o domicílio, porém não pode apreender bens ou registrar os acontecimentos ali presenciados para servirem futuramente como elementos de prova para condenação.

Posicionamo-nos contrariamente ao posicionamento que confere total legitimidade às ações do agente que derivem unicamente do engano pela alteração da identidade. Assim fazemos porque, ainda que exista autorização judicial para a investigação com base no engano, não há qualquer dispositivo que relativize o direito à privacidade nesse sentido e também porque não seria razoável permitir a valoração futura das provas obtidas com tamanha violação de direitos e inobservância das regras existentes para a realização de buscas.

Entendemos, então, que, no tocante às buscas domiciliares e ao aproveitamento da prova, o agente se sujeita ao mesmo regime que os policiais comuns.[354] Ele pode se aproveitar do consentimento viciado e reunir elementos que justifiquem posterior pedido de busca e apreensão (ou outras medidas) a ser legalmente autorizado pela autoridade judicial. Nessa situação, a busca domiciliar deverá ser realizada por outros policiais, para que não se coloque em risco o disfarce do agente infiltrado.

---

inequívoco, se possa constatá-la, seja pela prática de atos de evidente colaboração; ou de ostensiva não-oposição à entrada" (PITOMBO, Cleunice Bastos. *Da busca e apreensão no processo penal*. 2. ed. São Paulo: Revista dos Tribunais, 2005. p. 133-134).
[354] GUARIGLIA, Fabricio. *El agente encubierto. Un nuevo protagonista en el procedimiento penal*. Disponível em: www.cienciaspenales.org. Acesso em: 05 maio 2015. p. 31.

Observe-se, ainda, que nada impede a utilização de bens ou documentos entregues voluntariamente pelo investigado ao agente infiltrado.[355]

b) Realização de conversas incriminadoras

Esta é outra situação que pode ocorrer durante uma operação de infiltração e que tem grande destaque quando se trata de relativização de direitos fundamentais e investigação criminal. A privacidade neste ponto é atacada na medida em que, utilizando-se da confiança construída, o agente infiltrado acessa, durante conversas privadas, informações que podem incriminar o investigado.

O questionamento da possibilidade de realização dessas conversas com teor incriminante é necessário diante da posterior transmissão de seu conteúdo à polícia ou até mesmo de seu acompanhamento em tempo real com a utilização de escutas e com a anuência de um dos interlocutores, na hipótese o próprio agente policial que atua infiltrado.

Além do direito à privacidade, representado na possibilidade de o investigado não sofrer intromissões em suas conversas particulares, essa situação implica na afetação de um princípio muito caro ao processo penal, expressão do justo processo, o princípio *nemo tenetur se ipsum acusare*.[356]

Tal princípio pode ser enunciado como o direito do imputado de não produzir ou colaborar na produção de quaisquer provas, sejam elas documentais, periciais ou de outros tipos.[357]

Segundo Nereu Giacomoli:[358]

> O *nemo tenetur* engloba: (a) a negativa em declarar, ou seja, de permanecer em silêncio ou responder somente ao questionamento que não resulte em autoincriminação; (b) condutas ativas, tais como o comparecimento à restituição de fatos, comparecimento para depor, fornecimento de documentos para exame grafotécnico e assoprar no etilômetro; (c) comportamentos passivos que possam induzir à formação do substrato probatório incriminatório (nemo tenetur se ipsum acusare), tais como a submissão ao reconhecimento e à extração coativa de material para

---

[355] GASCÓN INCHAUSTI, Fernando. *Infiltración policial y agente encubierto*. Granada: Comares, 2001. p. 241.
[356] ROXIN, Claus et al. *La evolución de la política criminal, el derecho penal y el proceso penal*. Valencia: Tirant lo Blanch, 2000. p. 123.
[357] GIACOMOLLI, Nereu José. *O devido processo penal*: abordagem conforme a Constituição Federal e o Pacto de São José da Costa Rica. São Paulo: Atlas, 2014. p. 193.
[358] *Ibidem*.

ser analisado (coleta de sangue, de esperma, de saliva, urina, *v.g.*); (d) a invasividade interna, como a instrução de agulhas para extração de sangue ou outros líquidos do corpo, a introdução de substâncias químicas via sondas (eméticos, *v.g.*), a intervenção cirúrgica, com o objetivo de obtenção de prova (implante subcutâneo v.g.); (e) a invasividade externa, por manter relação com a interna, como a extração de cabelos, pêlos, unhas.

Interessa-nos a vertente ligada à proteção das declarações do sujeito submetido a uma investigação, ou seja, o direito que ele tem de não prestar declarações de cunho incriminatório, conhecido como direito ao silêncio.

Esse direito está previsto em nosso ordenamento no art. 5º, inc. LXIII, da Constituição Federal e embora faça referência ao direito de permanecer em silêncio no momento da prisão, tal garantia é estendida a todos os suspeitos ou acusados e em todas as situações processuais. Além disso, o Código de Processo Penal também conta com dispositivo específico (art. 186), que estabelece que "após a qualificação do réu e da comunicação da acusação, o interrogando deverá ser cientificado pelo magistrado de seu direito de permanecer calado e não responder às perguntas formuladas". Há também seu reconhecimento no Pacto Internacional de Direitos Civis e Políticos (art. 13.3, "g"), bem como na Convenção Americana de Direitos Humanos (art. 8.2, "g"), que estabelecem como garantia mínima a toda pessoa acusada o "direito de não ser obrigada a depor contra si mesma, nem a confessar-se culpada".

No direito alemão, o *nemo tenetur* é previsto nos §§136 e 136a da StPO. O primeiro dispositivo, além de trazer seu conceito (ninguém é obrigado a declarar sobre o objeto da causa), também estipula certas formalidades indispensáveis à sua garantia, como a necessidade de cientificação do investigado/acusado de seu direito a não declarar. O segundo artigo traz situações em que o interrogatório se mostra viciado (obtenção com fundamento no engano, tortura, ameaça, entre outras).

A questão, então, se resume à violação desse dispositivo com a atuação do infiltrado, na qual o engano é pressuposto fundamental. Vale dizer, a atenção é voltada àquelas hipóteses em que o investigado, ainda que não esteja em uma situação formal de interrogatório (judicial ou extrajudicial realizado na delegacia) declara sem saber a um agente do Estado.[359]

---

[359] ENGLÄNDER, Armin. Das nemo-tenetur-prinzip als Schranke verdeckter Ermittlungen: Eine Besprechung von BGH 3 StR 104/07. *Zeitschrift für Internationale Strafrechtdogmatik.* Mainz, v. 3, p. 163-167, ago. 2008. p. 165.

Observamos, desde já, que a realização das conversas que envolvam informações incriminatórias é plenamente possível, tendo em vista que para se infiltrar o agente deverá estabelecer contato com integrantes da organização criminosa investigada e construir uma relação de confiança com os mesmos. Nesse cenário, então, é evidente que, conforme adentre o círculo de confiança dos investigados, receberá de forma espontânea as mencionadas informações.

Discute-se, portanto, se essas informações poderão ser utilizadas posteriormente nos autos.

A jurisprudência e parte da doutrina alemã posiciona-se pela inexistência de violação ao *nemo tenetur*. Justifica-se essa posição por três fatores. O primeiro é aquele já analisado no item anterior, a existência de autorização judicial legitimando o uso do engano. O segundo, por sua vez, é que o agente não realiza a ação como autoridade estatal responsável pelo interrogatório, de sorte que não se aplicariam as formalidades previstas nos §§136 e 136a da StPO.[360] E, por fim, a violação indireta do direito ao silêncio seria tolerável porque utilizada para a investigação de delitos graves, cujas provas não poderiam ser obtidas de outra forma.[361]

A doutrina que opina pela possibilidade de valoração das declarações incriminatórias ainda aponta um interessante raciocínio. A proibição de utilização do engano do §136a da StPO deve ter uma interpretação restritiva, de sorte que será considerada uma situação digna de proibição de valoração da prova apenas aquela na qual o sujeito não teve outra escolha se não declarar contra si.[362]

Observe-se que esse raciocínio estabelece que a relação construída pelo agente infiltrado com o investigado é como qualquer relação humana e, consequentemente, pode resultar na traição e vazamento de informações. Portanto, como ocorre com qualquer relacionamento, pode haver uma quebra de confiança, o que por si só não invalidaria a valoração das declarações em juízo.

Considerando esse posicionamento majoritário encontrado no direito alemão devemos analisar a indispensabilidade da cientificação

---

[360] BEULKE, Werner. *Strafprozessrecht*. 12.ed. Hamburg: C.F. Müller, 2012. p. 327-328; MEYER-GOßNER, Lutz. *Strafprozessordnung*. 51. ed. München: C.H.Beck, 2008. p. 419.
[361] ROXIN, Claus et al. *La evolución de la política criminal, el derecho penal y el proceso penal*. Valencia: Tirant lo Blanch, 2000. p. 143.
[362] OTT, Katharina. *Verdeckte Ermittlungen im Strafverfahren*. Die deutsche Rechtordnung und die Rechtslage nach der EMRK in einer rechtsvergleichenden Betrachtung. Frankfurt am Main: Peter Lang, 2008. p. 76.

do investigado sobre seu direito ao silêncio no contexto da infiltração policial.

Concordamos que a utilização da identidade alterada evita a existência de pressões para o investigado declarar a respeito de infrações e que a exigência de que o investigado fosse cientificado colocaria em risco a investigação e a segurança do agente. Assim, entendemos que o agente não está obrigado a advertir o acusado sobre o direito ao silêncio. Entretanto, não realizando a advertência, o problema passa a ser de valoração das declarações incriminatórias.

A advertência do investigado nessa situação tornaria sua declaração incriminatória verdadeiramente livre de vícios, pois demonstraria que agiu com liberdade de escolha ao incriminar a si próprio. Trata-se de elemento fundamental do interrogatório.[363]

Sua inexistência, portanto, impede a valoração dessa autoincriminação como uma confissão, já que o engano seria o elemento que proporcionou a existência da declaração.[364]

A impossibilidade de valoração persiste até mesmo se a confissão informal do investigado foi objeto de gravação clandestina pelo agente infiltrado. A jurisprudência e parte da doutrina alemã[365] (no que foram seguidos pela doutrina espanhola[366]) aceitam como prova suficiente para a condenação as declarações do agente e a gravação sub-reptícia da conversa em que a confissão informal foi declarada.

Entendemos muito questionável essa posição por dois motivos. O primeiro é o fato de que ainda persiste o problema da declaração eivada

---

[363] GUARIGLIA, Fabricio. *El agente encubierto*. Un nuevo protagonista en el procedimiento penal? Disponível em: www.cienciaspenales.org. Acesso em: 05 maio 2015. p. 31.

[364] Segundo Gomes Filho: "Também constituem sérias violações da liberdade de manifestação e, portanto, formas ilegais de interrogatório, os denominados meios enganosos, através dos quais se procura conseguir do acusado informações que, de outro modo, não seriam obtidas; assim, as perguntas sugestivas ou capciosas, a ameaça com sanções não previstas pelo ordenamento, a promessa de vantagens igualmente inadmissíveis, as falsas informações sobre a existência de outras provas, etc. Embora nessas situações nem sempre seja fácil estabelecer o limite entre a fraude e a astúcia permitida, é bem de ver que semelhantes comportamentos também ferem os direitos fundamentais e comprometem a legitimidade dos pronunciamentos judiciais baseados nas provas dele resultantes" (GOMES FILHO, Antonio Magalhães. *Direito à Prova no Processo Penal*. São Paulo: Revista dos Tribunais, 1997. p. 117).

[365] ENGLÄNDER, Armin. Das nemo-tenetur-prinzip als Schranke verdeckter Ermittlungen: Eine Besprechung von BGH 3 StR 104/07. *Zeitschrift für Internationale Strafrechtdogmatik*. Mainz, v. 3, p. 163-167, ago. 2008. p. 166.

[366] ESPINOSA DE LOS MONTEROS, Rocío Zafra. *El policía infiltrado: Los presupuestos jurídicos en el processo penal español*. Barcelona: Tirant lo Blanch, 2010. p. 215-217; GASCÓN INCHAUSTI, Fernando. *Infiltración policial y agente encubierto*. Granada: Comares, 2001. p. 242-243.

pelo engano, de sorte que seu valor probatório por si só é reduzido. O segundo, por sua vez, é a interpretação da conversa entabulada pelo agente infiltrado como uma simples conversa entre pessoas, quando, na verdade, existem terceiros cientes de sua ocorrência.

O propósito do agente ao desenvolver essa espécie de conversa é a obtenção, captação e registro de declarações incriminatórias para posterior utilização em processo criminal. Assim, o que se tem é a utilização pela polícia de um meio de captação de conversas entre terceiros, de sorte que o infiltrado agiria como um *"longa manus"* ou um instrumento material para execução da interceptação (e não simples gravação).[367]

Portanto, entendemos que as conversas incriminatórias realizadas pelo agente infiltrado e o investigado não podem ser valoradas. Contudo, assim como na hipótese da entrada em domicílios, não há qualquer óbice à utilização dessas informações para a realização de outras medidas de investigação (busca e apreensão, interceptação telefônica etc.).

4.2.2 A infiltração e a prática de infrações penais

Quando tratamos da infiltração policial e a relativização de direitos fundamentais, além do direito à privacidade, é importante analisarmos também a possibilidade de o agente policial praticar crimes durante a investigação e os reflexos dessa ação na obtenção de provas.

O engano utilizado pelo agente infiltrado – e que foi tratado extensivamente linhas acima – por si só não é suficiente para garantir a segurança do policial e o sucesso da investigação. Tratando-se de uma situação na qual o infiltrado deve fazer parte de um grupo criminoso, é esperado que ele corra riscos na realização dessa tarefa, normalmente advindos das próprias estratégias desenvolvidas pela organização para a revelação de "traidores" entre seus integrantes.

Nesse contexto, os chamados "testes de integridade" apresentam grandes problemas para a infiltração policial no ambiente criminoso,

---

[367] ARANTES FILHO, Marcio Geraldo Britto. *A interceptação de comunicação entre pessoas presentes*. Brasília, DF: Gazeta Jurídica, 2013. p. 191-192. No direito italiano, cf. BARROCU, Giovanni. *Le indagni sotto copertura*. 2013. Tese (Doutorado em Ciência Penal) – Università Degli Studi Di Trieste, 2013. p. 95 e STOPPONI, Cinzia. *Le operazioni sotto copertura*. Attività di prevenzione, attività di polizia giudiziaria, riflessi sulla prova dichiarativa. 2008. 125f. Tese (Doutorado em Direito e Processo Penal), Università di Bologna, Itália. 2008. p.70 (essa última ainda reconhece a possibilidade de utilização das gravações das conversas particulares entre o agente e o investigado se confirmadas posteriormente por prova testemunhal indireta).

pois colocam o agente em situação conflitante desde o início da operação, na qual o policial deverá praticar certos delitos para ser visto como um semelhante entre os integrantes da organização criminosa. Além disso, integrando um grupo criminoso desde o seu nível mais inferior, é evidente que em algum momento da investigação (principalmente se estivermos tratando de uma infiltração longa) o agente tenha que participar em alguma ação delituosa praticada pela organização, pois sua recusa provavelmente levantará suspeitas sobre a sua fidelidade e colocará sua integridade física em risco.

A relação entre a prática de crimes e o aproveitamento das provas obtidas não apresenta grandes dúvidas. Evidente que os elementos e fontes obtidos mediante infrações penais não podem ser utilizados nos autos posteriormente, tendo em vista a ilicitude dessa prova.[368]

Além disso, como tratamos em pontos anteriores deste trabalho, o agente infiltrado não deve ser punido pelo crime de participação em organização criminosa, pois sua colocação como integrante do grupo criminoso é pressuposto do sucesso da infiltração, bem como pelo delito de invasão de domicílio quando permitida sua entrada.

Ressalvadas essas hipóteses, em regra o infiltrado não deve praticar crimes durante a investigação.[369] Entretanto, caso seja necessária a realização de infrações penais os ordenamentos jurídicos costumam prever hipóteses de exclusão de sua responsabilidade penal.

Embora o tema fuja ao escopo deste trabalho, algumas considerações devem ser feitas.

A Lei nº 12.850/13, no art. 13, disciplina a prática de crimes pelo infiltrado da seguinte forma:

> Art. 13. O agente que não guardar, em sua atuação, a devida proporcionalidade com a finalidade da investigação, responderá pelos excessos praticados.
> Parágrafo único. Não é punível, no âmbito da infiltração, a prática de crime pelo agente infiltrado no curso da investigação, quando inexigível conduta diversa.

---

[368] Ancorada na categorização de Nuvolone, a doutrina brasileira considera ilícitas as provas obtidas com violação à lei material. Na hipótese, a ação do infiltrado ao cometer crimes viola a legislação material e, portanto, implica na ilicitude da prova obtida (GRINOVER, Ada Pellegrini. *As nulidades no processo penal*. 12. ed. São Paulo: Revista dos Tribunais, 2011. p. 20).
[369] GUARIGLIA, Fabricio. *El agente encubierto. Un nuevo protagonista en el procedimiento penal?* Disponível em: www.cienciaspenales.org. Acesso em: 05 maio 2015. p. 26.

A mesma legislação, após alteração pela Lei nº 13.964/19, e o ECA ao disciplinarem a infiltração virtual utilizaram a seguinte redação:

> Não comete crime o policial que oculta a sua identidade para, por meio da internet, colher indícios de autoria e materialidade dos crimes previstos no art. 1º desta Lei.
> Parágrafo único. O agente policial infiltrado que deixar de observar a estrita finalidade da investigação responderá pelos excessos praticados.

Devemos observar dois pontos importantes. Em primeiro lugar, em relação à infiltração em ambiente físico o legislador optou por considerar a conduta do agente não punível, desde que em situação de inexigibilidade de conduta diversa.

A inexigibilidade de conduta diversa exclui a culpabilidade da ação do infiltrado, ou seja, segundo Toledo,[370] busca "estabelecer se a ação que se quer punir pode ser atribuída à pessoa do acusado, como algo realmente seu, ou seja, derivado diretamente de uma ação (ou omissão) que poderia ter sido por ele de algum modo evitada".

Assim, a despeito da expressão "não punível", não se trata de exclusão da pena a ser aplicada ao infiltrado, mas de verdadeira hipótese de não configuração do crime por ausência de culpabilidade.

Enquanto o ordenamento alemão optou pela figura do estado de necessidade[371] e os demais ordenamentos estudados por uma figura de escusa absolutória[372] (esta sim incorrendo na não aplicação da pena, apesar do reconhecimento da prática do crime), os legisladores brasileiros tentaram dirimir os questionamentos relacionados à responsabilidade penal do infiltrado com a exclusão da culpabilidade.

Embora existam críticas a essa posição – como a dificuldade prática gerada para o agente, que deverá avaliar se estará agindo amparado pela excludente, correndo risco de ver seu julgamento contrariado pela autoridade judicial (tendo em vista que a análise da culpabilidade é sempre realizada em momento posterior à prática do fato)[373] –, a opção facilita a adoção do entendimento de que a provocação e os delitos nos quais o agente figure como autor mediato ou intelectual estão excluídos do âmbito de incidência do parágrafo único.

---

[370] TOLEDO, Francisco de Assis. *Princípios básicos de direito penal*. 5. ed. 17. tir. São Paulo: Saraiva, 2012. p. 327.
[371] GUARIGLIA, Fabricio. *El agente encubierto...*, op. cit., p. 27.
[372] Cf. Riquert. Marcelo A. *Op. cit.*, p. 503-507; BARROCU, Giovanni. *Op. cit.*, p. 16-19; GONZÁLEZ-CASTELL, Adán Carrizo. *Op. cit.*, p. 352.
[373] FERRO, Ana Luiza Almeida. *Op. cit.*, p. 220.

Em relação à infiltração virtual, por outro lado, entendemos que o legislador não indicou hipótese de inexigibilidade de conduta diversa, mas de estrito cumprimento de dever legal. Tanto o pacote anticrime quanto o ECA possuem a seguinte redação: "Não comete crime o policial que oculta a sua identidade para, por meio da internet, colher indícios de autoria e materialidade dos crimes previstos [...]".

Dessa forma, observamos que o legislador, curiosamente, previu que as ações típicas praticadas pelo agente infiltrado virtual são resolvidas no campo da antijuridicidade e não no campo da culpabilidade, aproximando-se do ordenamento alemão, que também optou por atribuir ao infiltrado uma justificante (estado de necessidade).

Segundo Cirino dos Santos:[374]

A situação justificante do estrito cumprimento de dever legal é constituída pela existência de lei em sentido amplo (lei, decreto, regulamento etc.) ou de ordem de superior hierárquico, determinantes de dever vinculante da conduta do funcionário público ou assemelhado. O estrito cumprimento de dever determinado por lei exclui lesão de direitos humanos fundamentais definidos em tratados e convenções internacionais – por exemplo, homicídios dolosos para impedir fuga de presos de estabelecimento penal.

A opção justifica-se pela colocação da expressão "colher indícios de autoria e materialidade dos crimes previstos [...]", ou seja, essa tarefa é o dever legal que deve ser observado pelo agente, de sorte que eventual desvio desse dever caracteriza a exclusão da justificação da conduta, como ocorreria na situação de prática de delito pelo policial para permitir sua manutenção no ambiente virtual e apuração da prática de delitos patrimoniais pelo investigado por estupro de vulnerável.

O segundo ponto a ser observado, então, é a menção à proporcionalidade da ação e sua relação com os fins da investigação. Tanto na hipótese de inexigibilidade de conduta diversa quanto na de estrito cumprimento de dever legal, a proporcionalidade é elemento fundamental no sopesamento que deverá ser feito pelo agente na análise sobre as condutas que serão executadas por ele.

Entretanto, destacamos que na hipótese da infiltração virtual o agente possui maior segurança em relação à prática de infrações, uma vez que, desde que sua conduta guarde relação com o dever legal,

---

[374] SANTOS, Juarez Cirino dos. *Direito Penal* – Parte Geral. 5. ed. Florianópolis: Conceito Editorial, 2012. p. 250-251.

incidirá a justificante. Enquanto que na infiltração realizada em ambientes físicos a tarefa do agente será dificultada pela necessidade de analisar se sua conduta é verdadeiramente inexigível ou se não existiria outra opção a ser escolhida, situação que será posteriormente avaliada pelo juiz.

Em relação à infiltração em ambientes físicos, sem aprofundarmos demais no assunto e recorrermos à análise de situações hipotéticas, podemos afirmar que a excludente da inexigibilidade de conduta diversa não incidirá nos casos de provocação, autoria mediata e de delitos que não guardem relação com a investigação. Nesse último caso, entendemos que fazem parte desse grupo apenas aqueles delitos praticados pelo agente por pura e espontânea vontade, de sorte que a prática de crimes no mencionado contexto de "testes de fidelidade" encontra-se amparada.

Por fim, entendemos também que a previsão das excludentes de culpabilidade e antijuridicidade não afasta a aplicação das demais excludentes previstas no Código Penal, de modo que os dispositivos apenas complementam as previsões da legislação geral para proporcionar maior segurança ao agente infiltrado.

4.3 Transporte das experiências do agente infiltrado para o processo penal

Nesse ponto analisaremos como o conhecimento reunido pelo agente a respeito da organização criminosa, seus integrantes e os crimes por eles praticados integrarão o processo penal.

Tratamos anteriormente da entrada do agente em domicílios e da realização de conversas incriminatórias e analisamos o valor probatório dos elementos obtidos. Agora estudaremos duas formas pelas quais esses elementos podem ser transportados para o processo, o relatório da infiltração e o testemunho do agente infiltrado.

4.3.1 O relatório da infiltração

O relatório da infiltração em relação à infiltração em ambientes físicos é mencionado na Lei nº 12.850/13 em dois momentos. Primeiro no art. 10, §4º,[375] que prevê sua apresentação ao juiz após finalizado o

---

[375] "§4º Findo o prazo previsto no §3º, o relatório circunstanciado será apresentado ao juiz competente, que imediatamente cientificará o Ministério Público."

prazo da investigação, em seguida no §5º do mesmo dispositivo,[376] que estabelece a possibilidade de o delegado de polícia determinar ou do Ministério Público requisitar, a qualquer tempo, sua elaboração pelo infiltrado.

Quanto à infiltração virtual, o art. 10-A, §§5º e 6º, da Lei nº 12.850/13 utiliza a mesma redação indicada acima. Já o ECA menciona o relatório apenas no art. 190-E e estabelece que esse documento será encaminhado ao juiz e ao Ministério Público ao final da investigação.

Sem nos esquecermos de sua importância para o controle da atuação infiltrada pelo órgão judicial,[377] observamos duas questões fundamentais relacionadas ao transporte das informações obtidas pelo agente para o processo: o procedimento a ser seguido para juntada do relatório e o seu valor probatório.

Em relação ao procedimento, os dispositivos da lei de criminalidade organizada estabelecem timidamente a forma do relatório, pois trazem apenas que ele deverá ser circunstanciado, portanto deve trazer informações detalhadas das ações realizadas pelo agente infiltrado. Além disso, inferimos do teor dos dispositivos que a apresentação ao juiz deve ser rápida, a despeito da ausência de prazo.

O ordenamento português, que disciplinou de forma mais completa o procedimento, estabelece que a polícia judiciária entregará o relato da ação encoberta ao juiz competente no prazo máximo de 48 horas (art. 3º, nº 6, da Lei nº 101/2001).[378]

Trata-se de prazo razoável e que pode ser utilizado na prática diante da ausência de previsão específica da Lei nº 12.850/13 e do ECA, contado a partir do término da infiltração.

Devemos observar ainda que a transmissão do relatório à autoridade policial e ao Ministério Público no curso da investigação e ao juiz, quando terminada a infiltração, deve ser realizada de forma direta, ou seja, sem intermediários, ao contrário do que sustenta a doutrina espanhola com os "agentes de enlace".[379]

---

[376] "§5º No curso do inquérito policial, o delegado de polícia poderá determinar aos seus agentes, e o Ministério Público poderá requisitar, a qualquer tempo, relatório da atividade de infiltração."
[377] ONETO, Isabel. *O agente infiltrado:* contributo para a compreensão do regime jurídico das acções encobertas. Coimbra: Coimbra Ed., 2005. p. 192. Tema tratado anteriormente quando abordamos a autorização da infiltração.
[378] PEREIRA, Sandra. A recolha de prova por Agente Infiltrado. *In:* BELEZA, Teresa Pizarro; PINTO, Frederico de Lacerda da Costa. *Prova criminal e direito de defesa:* estudos sobre teoria da prova e garantias de defesa em processo penal. Coimbra: Almedina, 2010. p. 152.
[379] Agentes de enlace são agentes que agem ocultando sua identidade e intenções, nomeados especificamente para a função de comunicação com o agente infiltrado. Eles realizam

Essa observação é importante para que se tente assegurar a fiabilidade da informação transmitida pelo infiltrado, pois a utilização de intermediários, ainda que estes não tenham intenções de prejudicar os investigados, poderia acarretar na seleção de parte das informações ou inclusive sua distorção, representando grande prejuízo à cadeia de custódia[380] e, consequentemente, à inadmissibilidade futura das informações.

A Lei de Organização Criminosa também estabeleceu o conteúdo do relatório que será submetido ao contraditório no processo penal no art. 12, §2º,[381] determinando que todas as informações a respeito da infiltração acompanharão a denúncia e nesse momento serão colocadas à disposição da defesa. Afastando-se da legislação portuguesa, que determina a juntada aos autos do relatório da infiltração somente no que for considerado indispensável,[382] e aproximando-se da legislação espanhola. O dispositivo consagra o direito de defesa ao estabelecer o acesso a todas as informações obtidas pelo agente, sejam elas contra ou a favor do acusado.[383]

---

encontros pontuais com o infiltrado para receberem informações e posteriormente repassá-las à autoridade policial (ESPINOSA DE LOS MONTEROS, Rocío Zafra. *El policía infiltrado*: los presupuestos jurídicos en el proceso penal español. Barcelona: Tirant lo Blanch, 2010. p. 352).

[380] Segundo Geraldo Prado: "A cadeia de custódia da prova nada mais é que um dispositivo dirigido a assegurar a fiabilidade do elemento probatório, ao colocá-lo sob proteção de interferências capzes de falsificar o resultado da atividade probatória" (PRADO, Geraldo. *Prova penal e sistema de controles epistêmicos*: a quebra da cadeia de custódia das provas obtidas por métodos ocultos. São Paulo: Marcial Pons, 2014. p. 86).
Para Carmen Figueroa Navarro é "um procedimiento, oportunamente documentado, que permite constatar la identidad, integridad y autenticidad de los vestigios o indicios delictivos, desde que son encontrados hasta que se aportan al proceso como pruebas" (FIGUEROA NAVARRO, Carmen. El aseguramiento de las pruebas y la cadena de custodia. *La ley penal*: revista de derecho penal, procesal y penitenciario, Madrid, v. 8, n. 84, p. 5-14, jul./ago. 2011. p. 7). Cf. também EDINGER, Carlos. Cadeia de custódia, rastreabilidade probatória. *Revista Brasileira de Ciências Criminais*, São Paulo, v. 24, n. 120, p. 237-257, maio/jun. 2016.

[381] "§2º Os autos contendo as informações da operação de infiltração acompanharão a denúncia do Ministério Público, quando serão disponibilizados à defesa, assegurando-se a preservação da identidade do agente."

[382] PEREIRA, Sandra. A recolha de prova por Agente Infiltrado. *In*: BELEZA, Teresa Pizarro; PINTO, Frederico de Lacerda da Costa. *Prova criminal e direito de defesa*: estudos sobre teoria da prova e garantias de defesa em processo penal. Coimbra: Almedina, 2010. p. 153.

[383] GONZÁLEZ-CASTELL, Adán Carrizo, La lucha contra la criminalidad organizada como reto de la justicia penal ante una sociedad globalizada: análisis comparado de la infiltración policial en las regulaciones española y portuguesa. *In*: NEIRA PENA, Ana María (Coord.). *Los retos del poder judicial ante la sociedad globalizada*: Actas del IV Congreso Gallego de Derecho Procesal (internacional). La Coruña, 2 y 3 de junio de 2011, 2012. p. 349.

No tocante à valoração do relatório concordamos com Pereira,[384] pois enquanto documentação daquilo presenciado pelo agente infiltrado, não apresenta qualquer valor probatório. Diferentemente do que se possa pensar, não se trata de documento, mas na verdade de simples redução à forma escrita das experiências do agente, ou seja, de meros elementos informativos.

Assim, as informações obtidas pelo infiltrado, se não culminaram durante a investigação na descoberta de outras fontes ou elementos de prova que por si sós possam ser utilizados para comprovação das versões do fato trazidas ao processo, não poderiam, apenas por serem transformadas em escrito, servirem a esse propósito. Por esse motivo, inclusive, as legislações, ao tratarem da infiltração virtual, mencionam que o relatório da operação será acompanhado dos atos eletrônicos registrados, gravados e armazenados,[385] já que estes sim constituem prova documental.

Dessa forma, defendemos que a valoração do relatório da infiltração deve observar o art. 155 do Código de Processo Penal, de sorte que a referida peça informativa terá valor probatório apenas se conjugada com outras provas nos autos, já que não se trata de medida cautelar de antecipação e nem mesmo de prova irrepetível, pois possível sua averiguação em juízo na forma de testemunho do agente infiltrado.[386]

A admissão do relatório como prova apta a ser valorada e fundamentar a condenação do acusado acarretaria grave violação aos princípios da imediação e do contraditório, pois toda a prova teria sido produzida unilateralmente e longe do contato da autoridade judicial competente.[387]

---

[384] PEREIRA, Sandra. *Op. cit.*, p. 153.
[385] "Art. 10-D. Concluída a investigação, todos os atos eletrônicos praticados durante a operação deverão ser registrados, gravados, armazenados e encaminhados ao juiz e ao Ministério Público, juntamente com relatório circunstanciado." (Lei nº 12.850/13); "Art. 190-E. Concluída a investigação, todos os atos eletrônicos praticados durante a operação deverão ser registrados, gravados, armazenados e encaminhados ao juiz e ao Ministério Público, juntamente com relatório circunstanciado." (Lei nº 8.069/90).
[386] Nesse sentido, inclusive, decidiu a Corte Europea de Direitos Humanos no caso Lüdi vs Suíça, no qual acabou reconhecida a violação ao direito do acusado a um julgamento justo (arts. 6 (3), d, e 6 (1) da Convenção Europeia de Direitos Humanos), pois sua condenação foi baseada exclusivamente na valoração das declarações do agente infiltrado reduzidas a termo e juntadas aos autos. Cf. VIEIRA, Renato Stanziola. Testemunha anónima e paridade de armas na jurisprudência do Tribunal Europeu dos Direitos do Homem: encontros e desencontros. *Revista Portuguesa de Ciência Criminal*, Coimbra, v. 20, n. 3, p. 415-449, jul./set. 2010.
[387] Nesse sentido no direito português, cf. PEREIRA, Sandra. A recolha de prova por Agente Infiltrado. *In*: BELEZA, Teresa Pizarro; PINTO, Frederico de Lacerda da Costa. *Prova*

4.3.2 O testemunho do agente infiltrado

A Lei nº 12.850/13 e o ECA não fazem qualquer menção à utilização do agente infiltrado como testemunha, porém a primeira prevê no art. 14 – que trata de direitos do agente – a preservação do nome, qualificação, imagem, voz e outras informações pessoais na fase de investigação e durante o processo. Por esse motivo, entendemos que não há qualquer óbice ao testemunho do infiltrado, a despeito da atividade por ele realizada ter a finalidade apenas de obtenção de elementos e fontes de prova.

Deve ser aplicado o mesmo raciocínio que permite a oitiva de qualquer policial que tenha participado de investigação com outro meio de obtenção de prova (ex: busca e apreensão) no processo penal. Afinal, o infiltrado nada mais é que o móvel da infiltração, de sorte que nada impede sua ida em juízo para apresentar detalhes sobre a operação.

Como no direito brasileiro a infiltração tem função apenas repressiva, caso o agente seja ouvido em juízo será na qualidade de testemunha e, consequentemente, estará sujeito a todos os ônus previstos para essa categoria. Portanto, não há por aqui a questão amplamente debatida no direito italiano sobre a posição processual do agente infiltrado, se coimputado ou testemunha[388] – que traduz um problema de proibição de valoração das declarações – bem como sobre a extensão dos poderes do Ministério Público ao oferecer a denúncia, cuja questão centra-se na possibilidade desse órgão excluir o agente da imputação[389] ou se essa exclusão deverá ser realizada apenas posteriormente e pelo magistrado, ao decidir a respeito da aplicação da causa de não punibilidade.

---

criminal e direito de defesa: estudos sobre teoria da prova e garantias de defesa em processo penal. Coimbra: Almedina, 2010. p. 153. No direito italiano, cf. BARROCU, Giovanni. *Le indagni sotto copertura*. 2013. Tese (doutorado em ciência penal) – Università Degli Studi Di Trieste, 2013. p. 93-94; STOPPONI, Cinzia. *Le operazioni sotto copertura*. Attività di prevenzione, attività di polizia giudiziaria, riflessi sulla prova dichiarativa. 2008. 125f. Tese (Doutorado em Direito e processo Penal), Università di Bologna, Itália. 2008. p. 68; MINNA, Rosario; SARDO, Alessandro Sutera. *Agente provocatore*. Profili sostanziali e processuali. Milão: Giuffrè Editore, 2003. p. 151.

[388] VENTURA, Nicoletta. *Le investigazioni under cover dela polizia giudiziaria*. Bari: Cacucci Editore, 2008. p. 89-95

[389] Nesse sentido, cf. STOPPONI, Cinzia. *Le operazioni sotto copertura*. Attività di prevenzione, attività di polizia giudiziaria, riflessi sulla prova dichiarativa. 2008. 125f. Tese (Doutorado em Direito e processo Penal), Università di Bologna, Itália. 2008. p. 80-81. Em sentido contrário, cf. BARROCU, Giovanni. *Le indagni sotto copertura*. 2013. Tese (doutorado em ciência penal) – Università Degli Studi Di Trieste, 2013. p. 76-77.

Assim, duas questões demandam análise. Como deve ser realizada a proteção da identidade do agente no processo e como essa proteção afeta a valoração das declarações prestadas?

A proteção da identidade, além de um direito do agente intimamente relacionado à proteção de sua integridade física, de seus familiares e amigos, tem como finalidade o maior aproveitamento do policial que realizou a infiltração. A polícia, ainda mais no Brasil, não dispõe de número elevado de funcionários, que se mostra ainda mais reduzido se imaginarmos aqueles que aceitarão o serviço como infiltrados.

Dessa forma, pela perspectiva desses dois elementos, o ideal é que o agente infiltrado obtenha provas suficientes durante a fase de investigação de forma que sua oitiva em juízo se torne desnecessária. Contudo, obviamente nem sempre será possível a obtenção de provas satisfatórias, de sorte que será necessário o testemunho do policial para comprovação das informações apostas no relatório da infiltração. Nesse ponto surge a necessidade de se garantir o sigilo da identidade do acusado e até mesmo a proteção de sua identidade alterada, se pensarmos na possibilidade de utilização do policial em infiltrações futuras.

Considerado esse relacionamento entre a necessidade de proteção da identidade e realização da oitiva do agente sem vulneração dos direitos fundamentais do imputado, contribui à análise o estudo da teoria dos três estágios (*Drei Stufen Theorie*) do direito alemão.

Essa teoria é aplicada desde o início dos anos oitenta e se baseia na proteção da testemunha e sua relação com diversos graus de contato do juiz com a prova,[390] ou seja, ela percorre diferentes níveis do princípio da imediação.[391]

Os níveis são escalonados de acordo com a maior necessidade de proteção da testemunha e, consequentemente, representam uma diminuição gradual da imediação. No primeiro nível é realizada a oitiva direta da testemunha com a utilização de medidas de proteção (ex.: sigilo da identidade, exclusão do público). No segundo nível, a oitiva é realizada por um outro juiz designado para a função e reduzida a

---

[390] OTT, Katharina. *Verdeckte Ermittlungen im Strafverfahren*. Die deutsche Rechtordnung und die Rechtslage nach der EMRK in einer rechtsvergleichenden Betrachtung. Frankfurt am Main: Peter Lang, 2008. p. 101.

[391] Segundo Roxin, "El principio de inmediación importa que el juez debe elaborar la sentencia de acuerdo con las impressiones personales que obtiene del acusado y de los medios de prueba (§261); así, p. ej., la declaración de los testigos no puede ser reemplazada, en principio, por la lectura de una acta que ha sido labrada por un juez comisionado o por exhorto (§250)" (ROXIN, Claus. *Derecho procesal penal*. 2. ed. Trad. Gabriela E. Córdoba y Daniel R. Pastor, rev. Julio B. J. Maier. Buenos Aires: Ed. Del Puerto, 2003. p. 102).

termo, que será lido publicamente em audiência. Finalmente, no terceiro nível – no qual a imediação é mais afetada – o agente é substituído por seu superior hierárquico, que testemunha indiretamente sobre o que ouviu do infiltrado.

Observando os diversos níveis, chegamos à conclusão de que no direito brasileiro apenas o primeiro seria admissível.

No segundo nível é proposta a substituição da prova testemunhal pela prova documental. São dois meios de prova que possuem procedimento probatório próprio, de sorte que, para a aceitação da substituição, a prova documental deveria assegurar as mesmas garantias da prova testemunhal, assim como seu potencial epistemológico.

A prova testemunhal tem como principal característica a sua produção em estrita observância ao contraditório judicial. Nesse meio de prova o valor eurístico do contraditório é plenamente atingido, pois permite a análise dialética da fonte de prova[392] perante um juiz natural. Além disso, há total contato do magistrado com as declarações da testemunha.

Na prova documental, por sua vez, a produção ocorre em momento anterior à sua juntada aos autos e de forma unilateral, sem permitir o confronto direto pela parte contrária. Há somente o exercício do contraditório diferido, expressado em manifestação sobre a legalidade ou idoneidade do conteúdo do material.

O ato de ouvir a testemunha permite ao juiz não só a análise de suas declarações, mas também a de suas expressões corporais e seu estado emotivo. Com a substituição, essa possibilidade de análise se perde, enfraquecendo o contato do juiz com a fonte de prova.[393]

Além disso, a transformação unilateral das declarações da testemunha em documento escrito, ainda que realizada na presença de magistrado como propõe a teoria alemã, impede a formulação de questionamentos da defesa, o que caracteriza flagrante violação ao direito à prova, consubstanciado no direito defensivo de inquirir as testemunhas e que garante o melhor controle dos elementos de prova que serão analisados posteriormente pelo magistrado.

---

[392] UBERTIS, Giulio. Il contraddittorio nella formazione della prova penale. *In*: YARSHELL, Flávio Luiz; MORAES, Maurício Zanoíde de (Coord.). *Estudos em homenagem à professora Ada Pellegrini Grinover*. São Paulo: DPJ, 2005. p. 332.

[393] BADARÓ, Gustavo Henrique Righi Ivahy. Provas atípicas e provas anômalas: inadmissibilidade da substituição da prova testemunhal pela juntada de declarações escritas de quem poderia ser testemunha. *In:* YARSHELL, Flávio Luiz; MORAES, Maurício Zanoíde de (Coord.). *Estudos em homenagem à professora Ada Pellegrini Grinover*. São Paulo: DPJ, 2005. p. 347.

Diante dessas justificativas, a substituição da prova testemunhal pela documental, mesmo que observados alguns pontos para garantir seu aproveitamento (como a participação da autoridade judicial), representa supressão do contraditório e dano ao devido processo, de sorte que não deve ser admitida.

No tocante ao terceiro nível proposto pela teoria, é igualmente inadmissível no direito brasileiro em razão da grande mitigação da imediação.

Nessa hipótese, diferentemente do que ocorre no segundo nível, verifica-se a substituição entre fontes de prova e não meios de prova. Dessa forma efetua-se a troca de uma fonte que teve contato direto com as informações que se pretende trazer a juízo para valoração (agente infiltrado) por uma que teve contato indireto ou reflexo com esse conteúdo (superior hierárquico).

Trata-se, portanto, de utilização de uma espécie de "prova de segunda mão", pois se estaria privilegiando uma percepção reflexa do fato em detrimento de uma percepção direta[394] e passível de confronto, de modo que o magistrado, apesar de tomar o depoimento da testemunha de ouvir dizer diretamente, estaria em contato com elementos de informações inseguros e insuficientes a fundamentar uma decisão.

Diante da inaplicabilidade da substituição da prova testemunhal por documental e da utilização de testemunhas de ouvir dizer, resta impossibilitada a utilização da teoria dos três estágios em nosso ordenamento. Como fizemos referência anteriormente, o primeiro nível da teoria é o único cuja execução seria permitida, contudo ainda assim persiste o questionamento referente à forma de proteção da identidade do agente infiltrado na hipótese de realização de sua oitiva.

Visando garantir a proteção do agente infiltrado ao depor, a Corte Europeia de Direitos Humanos consignou em alguns casos que os meios de proteção escolhidos devem permitir o confronto direto ou indireto da testemunha pela defesa.[395]

Com fundamento na orientação dessa corte, os países europeus passaram a aplicar ao agente infiltrado o tratamento dispendido para testemunhas anônimas, utilizando, em regra, duas formas de

---

[394] GOMES FILHO, Antonio Magalhães; BADARÓ, Gustavo Henrique Righi Ivahy. Prova e sucedâneos de prova no processo penal brasileiro. *Revista Brasileira de Ciências Criminais*, São Paulo, v. 15, n. 65, p. 175-208, mar./abr. 2007. p. 189-190.

[395] PEREIRA, Sandra. A recolha de prova por Agente Infiltrado. *In*: BELEZA, Teresa Pizarro; PINTO, Frederico de Lacerda da Costa. *Prova criminal e direito de defesa*: estudos sobre teoria da prova e garantias de defesa em processo penal. Coimbra: Almedina, 2010. p. 156.

proteção, a manutenção da identidade alterada e a utilização de meios tecnológicos de restrição da publicidade do julgamento. A primeira já foi amplamente discutida neste trabalho e é a única prevista na Lei nº 12.850/13, a segunda merece maior atenção neste momento.

Itália, Alemanha, Espanha e Portugal utilizam mecanismos similares, como a transmissão acústica (*sound-link*) e a videoconferência.[396]

A transmissão acústica é a comunicação em tempo real através apenas do som, de forma que o acusado e seu advogado permanecem em um local e realizam a comunicação com outro ambiente onde está a testemunha e o magistrado.[397]

Esse mecanismo não é satisfatório para a oitiva do agente infiltrado, pois, apesar de proteger sua identidade, implica no sacrifício do direito ao confronto do acusado. A separação das partes em salas diferentes, nas quais a comunicação é realizada apenas por aparelhos acústicos impede a análise pela defesa da aparência da testemunha, de sorte que acaba frustrado o acesso à informação de sua identidade caso conhecida e principalmente a avaliação de seu comportamento diante de perguntas diretas.

Nesse sentido, inclusive, foi a decisão da Corte Europeia de Direitos Humanos no caso Van Mechelen e outros vs. Países Baixos,[398] na qual acabou reconhecida a violação ao art. 6, §3º, "d", da Convenção Europeia dos Direitos do Homem.[399]

No tocante à videoconferência, além da transmissão interativa de imagem, som e dados[400] para a comunicação e inquirição em tempo real da testemunha, os países mencionados dispõem de equipamentos

---

[396] OTT, Katharina. *Verdeckte Ermittlungen im Strafverfahren*. Die deutsche Rechtordnung und die Rechtslage nach der EMRK in einer rechtsvergleichenden Betrachtung. Frankfurt am Main: Peter Lang, 2008. p. 223. Cf. ainda STOPPONI, Cinzia. *Le operazioni sotto copertura*. Attività di prevenzione, attività di polizia giudiziaria, riflessi sulla prova dichiarativa. 2008. 125f. Tese (Doutorado em Direito e processo Penal), Università di Bologna, Itália. 2008. p. 100-101.

[397] OTT, Katharina. *Op. cit.*, p. 224.

[398] "§59. In the present case, the police officers in question were in a separate room with the investigating judge, from which the accused and even their counsel were excluded. All communication was via a sound link. The defence was thus not only unaware of the identity of the police witnesses but were also prevented from observing their demeanour under direct questioning, and thus from testing their reliability (see the above-mentioned Kostovski judgment, p. 20, para. 42 in fine)" (Caso Van Mechelen e outros contra Países Baixos, julgado em 23 de abril de 1997).

[399] Art. 6, §3º, "d", da Convenção Europeia dos Direitos do Homem: "Interrogar ou fazer interrogar as testemunhas de acusação e obter a convocação e o interrogatório das testemunhas de defesa nas mesmas condições que as testemunhas de acusação".

[400] DE LA MATA AMAYA, José. La utilización de la videoconferencia en las actuaciones judiciales. *Actualidad Penal*, Madrid, n. 47-48, p. 1267-1286, 16 a 19 dez. 2002, p. 1.268.

avançados e que permitem a mudança da voz da testemunha e até mesmo alteração ou deformação da imagem.

Ressalte-se que a utilização destes mecanismos não é a regra, principalmente porque são proibidos os testemunhos ocultos – onde não se conhece por completo a identidade da fonte –, pois violam o devido processo legal, especificamente em relação ao contraditório (expresso no direito ao confronto[401]). Entretanto, desde que a proteção seja extremamente necessária, como é a hipótese, a utilização é permitida se o juiz tiver conhecimento da identidade da testemunha e atestar o comprometimento dessa, bem como se garantidos mecanismos de compensação à defesa.[402]

Entendemos que a videoconferência, ao contrário da transmissão acústica, é perfeitamente utilizável para a proteção do agente infiltrado em juízo no Brasil, tanto que o art. 217 do Código de Processo Penal traz a seguinte redação:

> Se o juiz verificar que a presença do réu poderá causar humilhação, temor, ou sério constrangimento à testemunha ou ao ofendido, de modo que prejudique a verdade do depoimento, fará a inquirição por videoconferência e, somente na impossibilidade dessa forma, determinará a retirada do réu, prosseguindo na inquirição, com a presença do seu defensor.

Contudo, ainda que seja garantida alguma compensação à defesa, evidente que a utilização de mecanismos de alteração da imagem e/ou som implica em grave mitigação do direito ao confronto. Principalmente no tocante ao aproveitamento da fonte em sua totalidade, já que a análise do comportamento da testemunha, seja pelo estudo da voz ou de movimentos corporais, é importantíssima. Ainda mais se imaginarmos

---

[401] Segundo entendimento de Diogo Malan: "trata-se de instituto de origem anglo-americana, de estrutura normativa multifacetada, que assegura ao acusado os direitos fundamentais: (i) à produção da prova testemunhal em audiência pública; (ii) a presenciar a produção da prova testemunhal; (iii) à produção da prova testemunhal na presença do julgador do mérito da causa; (iv) à imposição do compromisso de dizer a verdade às testemunhas; (v) a conhecer a verdadeira identidade das fontes de prova testemunhal; (vi) a inquirir as fontes de prova testemunhal desfavoráveis, de forma contemporânea à produção da prova testemunhal" (MALAN, Diogo. Agente infiltrado no processo penal. In: *Processo Penal, Constituição e Crítica*. Estudos em homenagem ao Prof. Dr. Jacinto Nelson de Miranda Coutinho. Rio de Janeiro: Lumen Juris, 2011. p. 211-212).

[402] MONTESINOS GARCIA, Ana. *La videoconferencia como instrumento probatorio en el proceso penal*. Barcelona: Marcial Pons, 2009, p. 77. Cf. Caso Kostovski vs. Países Baixos, julgado em 20 de novembro de 1989 (OTT, Katharina. *op. cit.*, p. 208-209) §43: "[...] it cannot be said that the handicaps under which the defence laboured were counterbalanced [...]".

que existirão casos julgados pelo tribunal do júri, no qual a utilização dos referidos métodos poderá impressionar negativamente a convicção dos jurados.

Propomos, então, que a oitiva do agente infiltrado se realize de forma direta (sem a substituição por declarações escritas ou testemunhas de ouvir dizer), com a manutenção da identidade alterada e, eventualmente, com a utilização de videoconferência para a inquirição.

A identidade alterada, por si só, já é suficiente para a proteção do policial (principalmente nos casos de infiltração virtual) e não implica em restrição grave ao direito ao confronto, nem mesmo no que diz respeito à contradita.[403]

O policial que realiza a infiltração deverá ter a sua imagem e dados preservados, regra que na fase processual deverá ser observada apenas em relação ao público (art. 7º, inc. IV, da Lei nº 9.807/99 e art. 14, inc. III, segunda parte, da Lei nº 12.850/13), pois essa restrição não se aplica ao advogado do acusado, conforme posição jurisprudencial,[404] ao qual deverá ser possibilitado o acesso a essas informações. Contudo, como o agente infiltrado tem contato com as informações e fontes de prova já em momento de utilização da identidade alterada, essa é que

---

[403] Em sentido contrário cf. STOPPONI, Cinzia. *Le operazioni sotto copertura*. Attività di prevenzione, attività di polizia giudiziaria, riflessi sulla prova dichiarativa. 2008. 125f. Tese (Doutorado em Direito e processo Penal), Università di Bologna, Itália. 2008. p. 103. No direito italiano prevalece o entendimento que a manutenção da identidade alterada não se estende à fase processual.

[404] O Superior Tribunal de Justiça reconhece a impossibilidade do anonimato completo da testemunha, estabelecendo que, ainda que se preserve a sua identidade, esse dado deve ser disponibilizado à defesa para que seja possível a contradita.
Nesse sentido: "PENAL E PROCESSUAL PENAL. HABEAS CORPUS SUBSTITUTIVO DE RECURSO ESPECIAL. HOMICÍDIO QUALIFICADO. PROCEDIMENTO ESPECIAL DO TRIBUNAL DO JÚRI. TIPIFICAÇÃO DAS QUALIFICADORAS. INDEVIDA SUPRESSÃO DE INSTÂNCIA. EXCESSO DE PRAZO. SUPERVENIÊNCIA DE SENTENÇA CONDENATÓRIA. EXAURIMENTO DA COMPETÊNCIA FUNCIONAL DO TRIBUNAL DO JÚRI. FUNDAMENTAÇÃO DA PRISÃO PREVENTIVA. SUPERVENIÊNCIA DE TÍTULO NOVO. PREJUDICADA. *TESTEMUNHA ANÔNIMA.* DIREITO DE CONFRONTO. NECESSIDADE DE FRANQUEAMENTO DOS DADOS PESSOAIS DA TESTEMUNHA AO ADVOGADO. NULIDADE RELATIVA. PRECLUSÃO TEMPORAL. DECISÃO DE PRONÚNCIA. AUSÊNCIA DE EXCESSO DE LINGUAGEM. MERA DEMONSTRAÇÃO DA CONCORRÊNCIA DOS REQUISITOS LEGAIS. HABEAS CORPUS NÃO CONHECIDO. [...] 5. Malgrado a proteção dispensada à testemunha seja necessária, o Provimento 14/2003 do Tribunal de Justiça do Estado de Santa Catarina não preservou inteiramente as garantias do devido processo legal, da ampla defesa, do contraditório, da publicidade dos atos processuais constitucionalmente previstas, porque não há qualquer previsão de acesso aos dados pessoais da testemunha pelo defensor do réu, elemento essencial para se viabilizar o direito de confronto, por meio da contradita. [...]" (HC nº 157.997/SC, Rel. Min. Ribeiro Dantas, Quinta Turma, julgado em 13.10.2015, *DJe*, 21 out. 2015).

será objeto de divulgação à defesa e não a identidade real. Dessa forma, realiza-se a proteção da testemunha sem inviabilizar por completo o direito ao confronto.

Estabelecidos os limites à proteção da identidade do agente infiltrado na oitiva, resta analisar o valor dessas declarações como única prova para a condenação.

No campo das decisões do TEDH, o testemunho do agente infiltrado é assemelhado ao das testemunhas anônimas.

Essa Corte, ao analisar a violação ao art. 6.1 da CEDH, estabelece que a utilização de testemunhas anônimas, por si só, não acarreta violação à convenção. Entretanto, a concessão do anonimato deve ser absolutamente restrita, ou seja, apenas em situações concretamente necessárias e desde que tenha sido garantida à defesa a possibilidade de questionar a testemunha.

Mesmo assim, nas decisões do TEDH acerca do conteúdo do depoimento de agentes infiltrados ouvidos como testemunhas anônimas paira a proibição de utilização como fundamento único de uma condenação.[405] Isso porque a Corte entende que, mesmo diante de pequenas restrições ao direito de defesa, o anonimato (total ou parcial) gera a dificuldade de controle do material probatório obtido na infiltração, bem como implica de alguma forma na restrição de direitos fundamentais.[406]

Desse modo, a não revelação da identidade verdadeira do agente reduz o valor de suas declarações, classificando-as como de qualidade inferior se comparada com as palavras de uma testemunha comum.[407]

Isso considerado, conforme expusemos acima, a despeito da realização da oitiva do agente visando ao equilíbrio entre a violação de direitos fundamentais e a proteção de sua integridade física, não podemos mesmo equipará-lo à testemunha comum.

Na realidade o infiltrado se submete apenas parcialmente ao compromisso do art. 203 do Código de Processo Penal, pois na fase de

---

[405] Cf. STOPPONI, Cinzia. *Le operazioni sotto copertura*. Attività di prevenzione, attività di polizia giudiziaria, riflessi sulla prova dichiarativa. 2008. 125f. Tese (Doutorado em Direito e processo Penal), Università di Bologna, Itália. 2008. p. 106; BARROCU, Giovanni. *Le indagni sotto copertura*. 2013. Tese (doutorado em ciência penal) – Università Degli Studi Di Trieste, 2013. p. 84. OTT, Katharina. *Verdeckte Ermittlungen im Strafverfahren*. Die deutche Rechtordnung und die Rechtslage nach der EMRK in einer rechtsvergleichenden Betrachtung. Frankfurt am Main: Peter Lang, 2008. p. 234-235.

[406] Van Mechelen e outros *vs*. Países Baixos, §55; Doorson *vs*. Países Baixos, §76; Birutis e outros *vs*. Lituânia, §29; Taal *vs*. Estônia, §§31 e 33.

[407] PEREIRA, Sandra. A recolha de prova por Agente Infiltrado. *In*: BELEZA, Teresa Pizarro; PINTO, Frederico de Lacerda da Costa. *Prova criminal e direito de defesa*: estudos sobre teoria da prova e garantias de defesa em processo penal. Coimbra: Almedina, 2010. p. 158.

qualificação não serão mantidos em sigilo os seus dados de identificação, mas ele declarará falsamente os dados constantes de sua identidade alterada. Dessa forma, tratando-se do depoimento do agente infiltrado, sempre existirá a restrição a direitos fundamentais, dentre estes o principal será o contraditório, de sorte que seu conteúdo deverá ser analisado em conjunto com outras provas, que deverão corroborar o testemunho.

Diante dessas análises, podemos afirmar que as legislações que disciplinam a infiltração policial pecaram ao não preverem norma que vedasse a utilização exclusiva das declarações do agente infiltrado como fundamento da condenação, como fez a Lei nº 12.850/13 ao disciplinar a colaboração premiada (art. 4º, §16[408]).

---

[408] "Nenhuma sentença condenatória será proferida com fundamento apenas nas declarações de agente colaborador".

CONCLUSÃO

Diante da evolução da criminalidade, que passou de desorganizada e local para um fenômeno transnacional e organizado, cada vez mais as legislações dos mais diversos países passaram a prever métodos mais radicais para a apuração das infrações penais.

Esse cenário propiciou, após erros e acertos dos sistemas, a discussão acerca do equilíbrio entre a investigação dos delitos praticados por organizações criminosas e a restrição de direitos fundamentais acarretadas pela utilização desses novos métodos. Essa questão é expressa na dicotomia entre eficiência e garantismo.

No presente trabalho, desenvolvemos algumas conclusões:

1. Entendemos que a conciliação entre a aptidão de um meio para a pesquisa de provas e a proteção de direitos fundamentais deve passar obrigatoriamente pela aplicação do postulado da proporcionalidade. Esse postulado é estruturado em três testes que buscam analisar a necessidade, adequação e proporcionalidade em sentido estrito na utilização de um determinado meio.

2. A tarefa de busca pelo equilíbrio tem relação direta com a matéria da prova, principalmente no que se refere à sua disciplina em delitos praticados por organizações criminosas. Tratamos, então, dos diferentes significados do termo "prova" – como elemento de prova, resultado de prova, fonte de prova, meio de prova e meio de obtenção de prova.

Definimos que a infiltração policial, objeto do estudo, deve ser classificada como um meio de obtenção de prova, pois sua função principal é a pesquisa e descoberta de fontes ou elementos de prova, bem como tem sua utilização autorizada sem o conhecimento do investigado e funciona, em regra, fora do processo.

Essa classificação foi recebida pela Lei nº 12.850/13, que em seu art. 3º estabeleceu a infiltração policial como um dos meios de obtenção de prova que podem ser utilizados na apuração de infrações relacionadas com organizações criminosas.

Além disso, ela deve ser vista como um meio de obtenção de prova extraordinário, pois sua utilização representa situação de verdadeira excepcionalidade em relação aos demais meios, que, embora também restrinjam direitos, não o fazem de forma tão incisiva como a infiltração, na qual a prova é obtida com a utilização do engano pelo Estado.

3. A infiltração policial tem como antecedente histórico a figura conhecida como *agent provocateur*, surgida no período absolutista francês e cuja função poderia ser de repressão e prevenção de delitos, além de política, funcionando como mecanismo de desestruturação de revoluções. Essa figura caracterizava-se pelo agrupamento de atividades de infiltração, colaboração e provocação, de sorte que apresenta um conceito muito amplo e de difícil aplicação, sobretudo diante da necessidade de garantia de direitos fundamentais.

4. Diante da amplitude desse conceito, procuramos comparar os conceitos de infiltração policial existentes nos ordenamentos espanhol, alemão, português, italiano, argentino e aquele conferido pela Lei nº 12.850/13 para identificarmos características comuns e que possam classificar uma ação de investigação como uma infiltração policial.

Após a análise, identificamos seis características em comum: o sigilo da identidade; o engano; a qualidade de policial do agente; o âmbito de utilização da medida; a voluntariedade e a subsidiariedade.

5. Em relação ao sigilo da identidade, observamos que ele pode estar presente em operações de infiltração caracterizadas como *deep cover* ou *light cover*. A primeira é aquela cuja duração é superior a seis meses e o grau de imersão do agente na organização criminosa é maior, enquanto a segunda é aquela que possui duração inferior a seis meses e traduz-se, normalmente, em atos isolados de investigação. Além disso, o sigilo pode se manifestar pela simples proteção da identidade real do agente ou na concessão de uma identidade alterada.

A identidade alterada, em regra, é utilizada com maior frequência em infiltrações longas e pressupõe, além da simples alteração do nome, a formação de uma verdadeira personalidade fictícia, de modo que o Estado realiza a alteração nos registros civis, bem como confecciona documentos que a tornem crível perante terceiros – como a elaboração de diploma ou folha de antecedentes.

6. Neste ponto, concluímos que a função da criação dessa personalidade fictícia é proporcionar maior segurança ao agente e assegurar o sucesso da investigação, de sorte que ela é obrigatória para a realização da infiltração. Assim, entendemos que a Lei nº 12.850/13 prevê medida deficiente, pois no art. 14, inc. II, faz simples remissão da matéria ao disposto na Lei de Proteção a Vítimas e Testemunhas (Lei nº 9.807/99) que estabelece somente a alteração de assento de nascimento da pessoa protegida. Essa opção legislativa traz grandes dificuldades práticas, pois ao oferecer poucas garantias para o agente, dificilmente este aceitará atuar de forma infiltrada.

Entretanto, as legislações posteriores (Lei nº 13.441/17 e 13.964/19), ao disciplinarem a infiltração virtual, corrigiram a referida lacuna e indicaram que a identidade alterada é fundamental para a realização da infiltração.

7. A legislação brasileira, porém, ainda não indicou o momento no qual a identidade alterada deve ser outorgada nem quem é o responsável por esse ato. Entendemos, portanto, que a concessão deve ocorrer antes da infiltração se iniciar e em âmbito estadual tal ato é de competência da Secretaria de Segurança Pública e em âmbito federal do Ministério da Justiça.

8. Quanto à característica do engano, na infiltração policial ele é identificado em dois planos, a ocultação da identidade do agente – que se materializa na simples omissão ou troca do nome do investigador ou com a utilização da identidade alterada – e na dissimulação do verdadeiro intuito do agente ao se aproximar dos investigados.

9. A qualidade de policial do agente pressupõe que aquele que realiza a investigação secreta seja um funcionário do Estado e vinculado às forças de segurança. No Brasil apenas os agentes que integram a polícia judiciária poderão atuar de modo infiltrado.

10. As infiltrações devem ser autorizadas apenas no âmbito específico dos delitos típicos de criminalidade organizada, lavagem de capitais ou crimes sexuais envolvendo crianças e adolescentes, tendo em vista a mitigação de direitos fundamentais que esse meio de obtenção de prova acarreta.

A Lei nº 12.850/13, ao contrário dos ordenamentos estudados, que utilizam uma "cartela de delitos" aos quais pode ser autorizada a infiltração, trouxe um conceito amplo de organização criminosa, de sorte que a infiltração pode se realizar desde que o delito investigado seja praticado por organização desse tipo e tenha pena máxima superior a quatro anos, se enquadre em atos de terrorismo ou tenha sido praticado de modo transnacional.

O ECA, por sua vez, utiliza técnica diversa, estabelecendo pormenorizadamente os delitos nos quais a infiltração virtual poderá ser autorizada.

11. Observamos também que a infiltração é reconhecidamente um meio de obtenção de prova que deve ser utilizado em último caso, tanto que as diversas legislações estrangeiras estudadas e as leis brasileiras preveem uma cláusula de subsidiariedade, que condiciona a autorização da infiltração policial à comprovação da ineficiência ou ineficácia de outros meios de obtenção de provas menos restritivos.

12. Outra característica que identificamos é a voluntariedade da infiltração. O agente policial não está obrigado a realizar a tarefa de infiltração, que pode colocar não só ele, mas também seus familiares em risco. Portanto, é um direito do infiltrado recusar ou fazer cessar a sua atuação na investigação (art. 14, inc. I, da Lei nº 12.850/13), o que deve ser expresso de forma escrita.

Destaca-se também que, a despeito da ausência de previsão expressa, tal característica deve ser estendida às infiltrações virtuais.

13. Com base nas características da infiltração tratadas anteriormente é possível diferenciar o agente infiltrado de outras figuras normalmente a ele assemelhadas, como o informante, o colaborador, o agente de inteligência, o agente provocador e o *undercover agent*.

14. O agente infiltrado se difere do informante pois este não é policial, sua atuação não está restrita a crimes praticados por organizações criminosas e nem mesmo sujeita à subsidiariedade.

15. Em relação ao colaborador as diferenças residem no fato de que este pode ser um particular ou policial, porém não estará atuando em função oficial como o infiltrado. Além disso, o colaborador, em regra, não utiliza o engano para obter as informações, pois relaciona-se em nome próprio. O que pode ocorrer, entretanto, é que o colaborador mascare suas verdadeiras intenções para reunir elementos que serão divulgados à autoridade posteriormente.

16. O agente infiltrado apresenta diferenças em relação aos agentes de inteligência relacionadas à qualidade de policial. Essa característica vincula o agente infiltrado a normas procedimentais que devem ser observadas durante a investigação, bem como à autoridade policial, enquanto os agentes de inteligência são limitados apenas pela posição e estrutura política do Estado.

17. Embora o *undercover agent* seja a figura correspondente ao agente infiltrado no direito americano, entendemos que não são semelhantes. A atuação da figura americana não se submete à subsidiariedade, nem mesmo exige a existência de uma investigação formal em andamento, bem como pode ser utilizada para a prevenção ou repressão de qualquer tipo de infração, não somente aquelas relacionadas ao crime organizado.

Foi observado também que o agente infiltrado retira seu fundamento de validade da lei, enquanto que o *undercover agent* é autorizado diretamente pela autoridade policial e observa algumas regras de procedimento previstas em documentos internos da polícia. Por esse motivo, inclusive, existem diversas críticas à figura americana e à realização de cooperação com esse país em investigações.

18. A figura que mais se aproxima do agente infiltrado é o provocador, contudo ainda existem grandes diferenças. A provocação pode ser realizada tanto por um funcionário integrante das forças de segurança como por um terceiro que auxilia nas investigações, enquanto que a infiltração apenas por policiais que integrem a polícia judiciária. Observamos também que o agente infiltrado retira a validade de sua atuação da lei, enquanto o provocador, além de não encontrar permissão legal para agir, tem sua conduta duplamente sancionada (sanções penais e processuais penais).

O infiltrado tem o comportamento passivo como característica principal de sua ação, porém, caso atue ativamente, seu objetivo não é a obtenção da incriminação do investigado, como ocorre com o provocador. Além disso, o engano utilizado pelo infiltrado busca apenas permitir sua integração na organização criminosa e sua proteção, já o provocador engana para criar situação na qual o provocado execute a conduta criminosa.

19. No regime brasileiro da infiltração a autorização é de competência do Poder Judiciário, após requerimento do Ministério Público ou representação da autoridade policial.

20. O requerimento do Ministério Público deve observar o parecer técnico do delegado de polícia, que tratará da viabilidade da infiltração, consideradas a existência de policiais voluntários, a realização de treinamento especializado e outros dados internos sob responsabilidade da polícia judiciária.

21. A manifestação do Ministério Público após a representação do delegado de polícia ao juiz pela realização da infiltração deve versar sobre a legalidade da medida.

22. Tanto a representação como o requerimento do meio de obtenção de prova deverão demonstrar a necessidade da infiltração, com a análise dos testes de proporcionalidade, bem como apresentar um plano operativo da infiltração e a identificação, se possível, dos investigados ou, na hipótese da Lei nº 12.850/13, ao menos da organização criminosa responsável pelas infrações.

23. A autorização judicial deve tratar da proporcionalidade da medida, bem como dos limites impostos a ela, como duração e atividades que poderão ser realizadas pelo agente. Nada impede, contudo, que esses limites sejam modificados posteriormente por pedidos de extensão da autorização.

24. O magistrado competente não poderá escolher o policial que realizará a investigação, porém deverá ser informado previamente a

respeito do candidato escolhido pela autoridade policial, podendo vetar a escolha para se evitar posterior suspeição ou impedimento.

25. A descoberta fortuita de fatos, no tocante à autorização e necessidade de extensão, deve seguir procedimento consagrado para o encontro de provas de fatos por interceptação de comunicações.

26. A infiltração policial desde o seu início implica na restrição de direitos fundamentais, principalmente o direito à privacidade.

27. Em relação à infiltração policial virtual deve ser considerado o tipo de comunicação que é realizado entre o agente e o investigado. Vale dizer, nas hipóteses de comunicações em canal aberto (com total acesso público) e semiaberto (transmissão simultânea de mensagens e dados a um grupo privado e selecionado pelo investigado) há uma renúncia tácita a qualquer expectativa de proteção ao direito à privacidade pelo investigado, de sorte que a valoração das fontes e elementos registrados nessas comunicações não encontra restrição.

28. A entrada do agente infiltrado em domicílios, com a obtenção do consentimento do morador mediante o engano, por outro lado, é permitida para proteção do agente e da investigação, entretanto não podem ser apreendidos objetos ou registradas formalmente as informações descobertas nessa situação. Nada impede, porém, a utilização de bens ou documentos entregues espontaneamente pelo morador, bem como das informações para a solicitação de outras medidas no curso da investigação.

29. As conversas incriminadoras realizadas entre agente infiltrado e o investigado não podem ser valoradas, inclusive aquelas travadas em comunicações virtuais em canal fechado. Contudo, assim como na hipótese da entrada em domicílios, não há qualquer óbice à utilização dessas informações para a realização de outras medidas de investigação.

30. Os elementos e fontes obtidos mediante infrações penais não podem ser utilizados nos autos posteriormente, tendo em vista a ilicitude dessa prova. Além disso, o agente infiltrado não deve ser punido pelo delito de organização criminosa, pois sua presença não é considerada para satisfação do elemento objetivo do tipo penal.

31. Em regra o agente infiltrado deve evitar a prática de crimes, porém a Lei nº 12.850/13 estabeleceu no art. 13, parágrafo único, a excludente de culpabilidade da inexigibilidade de conduta diversa. Em relação à modalidade virtual, o legislador optou por excluir a antijuridicidade da conduta do agente, caracterizando a figura do estrito cumprimento de dever legal (art. 10-C da Lei nº 12.850/13 e art. 190-C do ECA). As excludentes, contudo, não serão aplicadas nas hipóteses

em que o agente tenha sido o autor intelectual do delito ou tenha agido como agente provocador.

32. A existência de excludentes de culpabilidade e de antijuridicidade previstas para a ação do agente infiltrado não impede a aplicação das demais excludentes estabelecidas no Código Penal.

33. Uma das formas de transmissão das informações obtidas pelo agente infiltrado ao processo é o relatório da investigação. Ele deve ser entregue diretamente ao magistrado e seu conteúdo deve registrar dados contra ou a favor do acusado. Seu aproveitamento como prova deve observar o art. 155 do Código de Processo Penal, de sorte que não se trata de documento (no sentido de prova documental), mas de meros elementos informativos, como o inquérito policial.

34. Outra forma de transmissão das informações é pelo testemunho do agente infiltrado. A respeito desse assunto observamos que duas questões são fundamentais, a forma pela qual será realizada a proteção da identidade do agente em juízo e o valor dos elementos trazidos com a sua declaração. Em relação à primeira, a manutenção da identidade alterada se afigura como a medida de proteção mais equilibrada, pois reúne maior eficiência na proteção do agente e menor lesão ao devido processo legal, considerando o princípio do contraditório. Essa proteção poderá ser complementada, ainda, pela utilização da videoconferência, desde que não sejam utilizados mecanismos que restrinjam desmesuradamente o direito ao confronto, como alteração da imagem ou voz da testemunha.

35. No tocante à valoração do depoimento do agente infiltrado, concluímos que por se tratar de uma forma de anonimato parcial, já que a defesa não tem acesso à verdadeira identidade do agente, mas apenas à alterada, seu valor como método de confirmação das versões apresentadas nos autos é inferior ao da prova testemunhal comum. Assim, o testemunho do agente infiltrado não pode ser utilizado como único fundamento para a condenação do acusado.

REFERÊNCIAS

ABADE, Denise Neves. *Direitos Fundamentais na Cooperação Jurídica Internacional* – extradição, assistência jurídica, execução de sentença estrangeira e transferência de presos. São Paulo: Saraiva, 2013.

ALFONSO, Luciano Parejo. Eficacia y administración: tres estudios. *Boletín Oficial del Estado*, Madrid, Ministerio para las Administraciones Publicas, 1995.

ANDRADE, Manuel da Costa. *Sobre as proibicões de prova em processo penal*. Coimbra: Coimbra Ed., 2006.

ARANTES FILHO, Marcio Geraldo Britto. *A interceptação de comunicação entre pessoas presentes*. Brasília, DF: Gazeta Jurídica, 2013.

ÁVILA, Humberto. *Teoria dos Princípios*. 4. ed. São Paulo: Malheiros, 2004.

BADARÓ, Gustavo Henrique Righi Ivahy. *Ônus da prova no processo penal*. São Paulo: Revista dos Tribunais, 2003.

BADARÓ, Gustavo Henrique Righi Ivahy. *Processo penal*. 2. ed. Rio de Janeiro: Elsevier, 2014.

BADARÓ, Gustavo Henrique Righi Ivahy. Provas atípicas e provas anômalas: inadmissibilidade da substituição da prova testemunhal pela juntada de declarações escritas de quem poderia ser testemunha. *In:* YARSHELL, Flávio Luiz; MORAES, Maurício Zanóide de (Coord.). *Estudos em homenagem à professora Ada Pellegrini Grinover*. São Paulo: DPJ, 2005.

BARROCU, Giovanni. *Le indagni sotto copertura*. 2013. Tese (Doutorado em Ciência Penal) – Università Degli Studi Di Trieste, 2013.

BECHARA, Fábio Ramazzini. *Cooperação jurídica internacional em matéria penal*: eficácia da prova produzida no exterior. São Paulo: Saraiva, 2011.

BEULKE, Werner. *Strafprozessrecht*. 12. ed. Hamburg: C.F. Müller, 2012.

BITENCOURT, Cezar Roberto; BUSATO, Paulo César. *Comentários à Lei de Organização Criminosa* – Lei n. 12.850/2013. São Paulo: Saraiva, 2014.

BOBBIO, Norberto. *Teoria da norma jurídica*. 5. ed. São Paulo: Edipro, 2014.

BORTOLIN, Cristiana. Operazioni Sotto Copertura e Giusto Processo. *In:* BALSAMO, Antonio; KOSTORIS, Roberto E. (Org.). *Giurisprudenza Europea e Processo Penale Italiano*. Torino: G. Giappichelli Editore, 2008.

BRAUM, Stefan. La investigación encubierta como característica del processo penal autoritario. *In:* CASABONA, Carlos Maria Romeu. *La insostenible situación del Derecho Penal*. Granada: Comares, 2000.

CABETTE, Eduardo Luiz Santos; NAHUR, Marcius Tadeu Maciel. *Criminalidade Organizada e Globalização desorganizada*. Rio de Janeiro: Freitas Bastos, 2014.

CARVALHO, Salo de. *Pena e Garantias*: uma leitura do garantismo de Luigi Ferrajoli no Brasil. Rio de Janeiro: Lumen Juris, 2001.

CHIAVARIO, Mario. Direitos humanos, processo penal e criminalidade organizada. *Revista Brasileira de Ciências Criminais*, São Paulo, v. 2, n. 5, p. 25-36, jan./mar. 1994.

CONSO, Giovanni; GREVI, Vittorio. *Compendio di Procedura Penale*. 5. ed. Milão: Cedam, 2010.

CUNHA, Rogério Sanches; PINTO, Ronaldo Batista. *Crime Organizado: Comentários à nova lei sobre o crime organizado* – Lei nº 12.850/2013. Salvador: Juspodvim, 2014.

DE LA CUESTA, José Luis. Organized Crime Control Policies in Spain: A "Disorganized" Criminal Policy for "Organized" Crime. *In*: FIJNAUT, Cyrille; PAOLI, Letizia. *Organized Crime in Europe* – Concepts, Patterns and Control policies in the European Union and Beyond. Países Baixos: Springer, 2004.

DE LA MATA AMAYA, José. La utilización de la videoconferencia en las actuaciones judiciales. *Actualidad Penal*, Madrid, n. 47-48, p. 1267-1286, 16-19 dez. 2002.

DI PIETRO, Maria Sylvia Zanella. *Direito Administrativo*. 23. ed. São Paulo: Atlas, 2010.

DIAS, Jorge de Figueiredo. A criminalidade organizada: do fenômeno ao conceito jurídico-penal. *Revista Brasileira de Ciências Criminais*, São Paulo, v. 16, n. 71, p. 11-30, mar./abr. 2008.

EDINGER, Carlos. Cadeia de custódia, rastreabilidade probatória. *Revista Brasileira de Ciências Criminais*, São Paulo, v. 24, n. 120, p. 237-257, maio/jun. 2016.

EDWARDS, Carlos Henrique. *El arrepentido, el agente encubierto y la entrega vigilada*: Modificación a la Ley de Estupefacientes. Análisis de la ley 34.424. Buenos Aires: Ad-Hoc, 1996.

ENGLÄNDER, Armin. Das nemo-tenetur-prinzip als Schranke verdeckter Ermittlungen: Eine Besprechung von BGH 3 StR 104/07. *Zeitschrift für Internationale Strafrechtdogmatik*, Mainz, v. 3, p. 163-167, ago. 2008.

ESPINOSA DE LOS MONTEROS, Rocío Zafra. *El policía infiltrado*: los presupuestos jurídicos en el proceso penal español. Barcelona: Tirant lo Blanch, 2010.

FEITOZA, Denilson. *Direito processual penal*: teoria, crítica e práxis. 7. ed. Niterói: Impetus, 2010.

FERNANDES, Antônio Scarance. Crime organizado e a legislação brasileira. *In*: PENTEADO, Jaques de Camargo (Org.). *Justiça penal*: críticas e sugestões. São Paulo: Revista dos Tribunais, 1995.

FERNANDES, Antônio Scarance. *Processo Penal Constitucional*. 7. ed. São Paulo: Revista dos Tribunais, 2012.

FERNANDES, Antônio Scarance. Reflexões sobre as noções de eficiência e de garantismo no processo penal. *In*: ALMEIDA, José Raul Gavião de; FERNANDES, Antonio Scarance (Coord.). *Sigilo no processo penal*: eficiência e garantismo. São Paulo: Revista dos Tribunais, 2008.

FERRAJOLI, Luigi. *Direito e Razão*: Teoria do Garantismo Penal. 4. ed. São Paulo: Revista dos Tribunais, 2014.

FERRER BELTRÁN, Jordi. *La valoración racional de la prueba*. Madrid: Marcial Pons, 2007.

FERRER BELTRÁN, Jordi. *Prueba y verdad en el derecho*. Madrid: Marcial Pons, 2005.

FERRO, Ana Luiza Almeida; PEREIRA, Flávio Cardoso; GAZZOLA, Gustavo dos Reis. *Criminalidade Organizada* – Comentários à Lei 12.850, de 02 de agosto de 2013. Curitiba: Juruá, 2014.

FIGUEROA NAVARRO, Carmen. El aseguramiento de las pruebas y la cadena de custodia. *La ley penal*: revista de derecho penal, procesal y penitenciario, Madrid, v. 8, n. 84, p. 5-14, jul./ago. 2011.

FLETCHER, George P. Fairness and Utility in tort Theory. *Harvard Law Review*. January 1972.

FONSECA, Antonio. O princípio da eficiência: impacto no direito público e improbidade. *Notícia do Direito Brasileiro*, Brasília, n. 10.

GÁSCON ABELÁN, Marina. *Los hechos en el derecho* – bases argumentales de la prueba. Madrid: Marcial Pons, 1999.

GASCÓN INCHAUSTI, Fernando. *Infiltración policial y agente encubierto*. Granada: Comares, 2001.

GIACOMOLLI, Nereu José. *O devido processo penal*: abordagem conforme a Constituição Federal e o Pacto de São José da Costa Rica. São Paulo: Atlas, 2014.

GÍDARO, Wagner Roby. *As medidas de proteção a vítimas, testemunhas e réus colaboradores como mecanismo de efetividade no processo penal*. 2010. 155 f. Dissertação (Mestrado em Direito) – Faculdade de Direito, Universidade de São Paulo, São Paulo, 2010.

GOMES FILHO, Antonio Magalhães. *Direito à Prova no Processo Penal*. São Paulo: Revista dos Tribunais, 1997.

GOMES FILHO, Antonio Magalhães. Notas sobre a terminologia da prova: reflexos no processo penal brasileiro. In: YARSHELL, Flávio Luiz. *Estudos em homenagem* à *Professora Ada Pellegrini Grinover*. São Paulo: DPJ, 2005.

GOMES FILHO, Antonio Magalhães; BADARÓ, Gustavo Henrique Righi Ivahy. Prova e sucedâneos de prova no processo penal brasileiro. *Revista Brasileira de Ciências Criminais*, São Paulo, v. 15, n. 65, p. 175-208, mar./abr. 2007.

GOMES, Luiz Flávio. *Organizações criminosas e técnicas especiais de investigação*: questões controvertidas, aspectos teóricos e práticos e análise da Lei 12.850/2013. Salvador: Juspodivm, 2015.

GOMES, Luiz Flávio; CUNHA, Rogério Sanches. *Legislação criminal especial*. São Paulo: Revista dos Tribunais, 2009.

GOMES, Luiz Flávio; MACIEL, Silvio. *Interceptação telefônica*: comentários à Lei 9.296, de 24.07.1996. São Paulo: Revista dos Tribunais, 2011.

GOMES, Marcus Alan de Melo. O afastamento dos sigilos financeiro, bancário e fiscal na Lei 12.850/2013. *Boletim IBCCRIM*, São Paulo, v. 23, n. 275, p. 11-12, out. 2015.

GOMES, Rodrigo Carneiro. *O crime organizado na visão da Convenção de Palermo*. Belo Horizonte: Del Rey, 2009.

GONZÁLEZ-CASTELL, Adán Carrizo. La lucha contra la criminalidad organizada como reto de la justicia penal ante una sociedad globalizada: análisis comparado de la infiltración policial en las regulaciones española y portuguesa. In: PENA, Ana María Neira (Coord.). *Los retos del poder judicial ante la sociedad globalizada*: Actas del IV Congreso Gallego de Derecho Procesal (internacional). La Coruña, 2 y 3 de junio de 2011, 2012. p. 337-354.

GRECO FILHO, Vicente. A entrega vigiada e o tráfico de pessoas. In: *Tráfico de pessoas*. São Paulo: Quartier Latin, 2010.

GRECO FILHO, Vicente. *Interceptação telefônica*: considerações sobre a Lei nº 9.296, de 24 de julho de 1996. 2. ed. São Paulo: Saraiva, 2005.

GRINOVER, Ada Pellegrini. *Provas ilícitas, interceptações e escutas*. Brasília: Gazeta Jurídica, 2013.

GUARIGLIA, Fabricio. *El agente encubierto*. Un nuevo protagonista em el procedimento penal? Disponível em: www.cienciaspenales.org. Acesso em: 05 maio 2015.

JOH, Elizabeth E. Breaking the law to enforce it: undercover police participation in crime. *Stanford Law Review*, Stanford, v. 62, n. 1, 2009.

JOSÉ, Maria Jamile. *A infiltração policial como meio de investigação de prova nos delitos relacionados à criminalidade organizada*. 2010. Dissertação (Mestrado em Direito) – Faculdade de Direito – Universidade de São Paulo, São Paulo.

KINDHÄUSER, Urs. *Strafprozessrecht*. 2. ed. Baden-Baden: Nomos Lehrbuch, 2010.

LIMA, Renato Brasileiro de. *Legislação Criminal Especial Comentada*. 2. ed. Salvador: Juspodivm, 2014.

LOUREIRO, Joaquim. *Agente infiltrado? Agente provocador!*: reflexões sobre o 1º Acórdão do T.E.D. Homem, 9 junho 1998; condenação do Estado português. Coimbra: Almedina, 2007.

MAGLIE, Cristina de. Premesse allo studio dell'agente provocatore. *Rivista Italiana di Diritto e Procedura Penale*, Milano, v. 32, p. 214-292, 1989.

MALAN, Diogo. Agente infiltrado no processo penal. In: *Processo Penal, Constituição e Crítica*. Estudos em homenagem ao Prof. Dr. Jacinto Nelson de Miranda Coutinho. Rio de Janeiro: Lumen Juris, 2011.

MARIATH, Carlos Roberto. Infiltração policial no Brasil: um jogo ainda sem regras. *Segurança Pública & Cidadania*: revista brasileira de segurança pública e cidadania, Brasília, v. 2, n. 2, jul./dez. 2009.

MARX, Gary T. *Undercover*: Police Surveillance in America. California: University of California Press, 1988.

MCADAMS, Richard H. Reforming Entrapment Doctrine in United States v. Hollingsworth. *University of Chicago Law Review*, Chicago, v. 74, 2007.

MENDES, Gilmar Ferreira; COELHO, Inocêncio Mártires; BRANCO, Paulo Gustavo Gonet. *Curso de direito constitucional*. 4. ed. rev. e atual. São Paulo: Saraiva/IDP, 2009.

MENDRONI, Marcelo Batlouni. *Comentários à lei de combate ao crime organizado*: Lei nº 12850/2013. São Paulo: Atlas, 2014.

MEYER-GOßNER, Lutz. *Strafprozessordnung*. 51. ed. München: C. H. Beck, 2008.

MILITELLO, Vincenzo. Iniciativas supranacionales en la lucha contra la criminalidad organizada y el blanqueo en el ámbito de las nuevas tecnologías. In: ZUÑIGA RODRÍGUEZ, Laura; MÉNDEZ RODRÍGUEZ, Cristina; DIEGO DIAZ-SANTOS, Maria Rosario. *Derecho penal, sociedad y nuevas tecnologías*. Madrid: Colex, 2001.

MOLINA PÉREZ, Maria Teresa. Técnicas especiales de investigación del delito: el agente provocador, el agente infiltrado y figuras afines (y II). *Anuario Jurídico y Económico Escurialense*, n. 42, Norteamérica, jan. 2012. Disponível em: http://www.rcumariacristina. net:8080/ojs/index.php/AJEE/article/view/78. Acesso em: 11 maio 2015.

MONTESINOS GARCIA, Ana. *La videoconferencia como instrumento probatório en el processo penal.* Barcelona: Marcial Pons, 2009.

MONTOYA, Mario Daniel. *Informantes y técnicas de investigación encubiertas* – Análisis Constitucional y procesal penal. 2. ed. Buenos Aires, 2001.

MOSCATO DE SANTAMARIA, Claudia Beatriz. *El agente encubierto en el Estado de Derecho.* Buenos Aires: La Ley, 2007.

MUÑOZ SANCHEZ, Juan. *La moderna problemática jurídico penal del agente provocador.* Barcelona: Tirant lo Branch, 1995.

MUÑOZ SANCHEZ, Juan. *La moderna problemática jurídico penal del agente provocador.* Barcelona: Tirant lo Branch, 1995.

NUCCI, Guilherme de Souza. *Leis Penais e Processuais Penais Comentadas* – volume 2. 7. ed. São Paulo: Revista dos Tribunais, 2013.

ONETO, Isabel. *O agente infiltrado*: contributo para a compreensão do regime jurídico das acções encobertas. Porto: Coimbra, 2005.

OTT, Katharina. *Verdeckte Ermittlungen im Strafverfahren.* Die deutche Rechtordnung und die Rechtslage nach der EMRK in einer rechtsvergleichenden Betrachtung. Frankfurt am Main: Peter Lang, 2008.

PACHECO, Rafael. *Crime Organizado*: Medidas de Controle e Infiltração Policial. Curitiba: Juruá, 2007.

PEREIRA, Flávio Cardoso. *Agente encubierto y proceso penal garantista:* límites y desafíos. Córdoba: Lerner, 2012.

PEREIRA, Flávio Cardoso. *El agente infiltrado desde el punto de vista del garantismo procesal penal.* Curitiba: Juruá, 2013.

PEREIRA, Sandra. A recolha de prova por Agente Infiltrado. *In*: BELEZA, Teresa Pizarro; PINTO, Frederico de Lacerda da Costa. *Prova criminal e direito de defesa:* estudos sobre teoria da prova e garantias de defesa em processo penal. Coimbra: Almedina, 2010.

PITOMBO, Cleunice Bastos. *Da busca e apreensão no processo penal.* 2. ed. São Paulo: Revista dos Tribunais, 2005.

PRADO, Geraldo. *Prova penal e sistema de controles epistêmicos:* a quebra da cadeia de custódia das provas obtidas por métodos ocultos. São Paulo: Marcial Pons, 2014.

QUIROGA, Jacobo López Barja de. *Tratado de derecho procesal penal.* Navarra: Editorial Aranzadi, 2004.

RASCOVSKI, Luiz. *A entrega vigiada como meio de investigação.* 2012. 212 f. Dissertação (Mestrado em Direito) – Faculdade de Direito, Universidade de São Paulo, São Paulo, 2012.

RIQUERT, Marcelo A. El agente encubierto en el derecho penal argentino. *In*: AROCENA, Gustavo A.; BALCARCE, Fabían I.; CESANO, José D. *Tendencias modernas del derecho penal y procesal penal*: Libro homenaje a Enrique Bacigalupo. Buenos Aires: Hammurabi, 2013.

RODRIGUES, Benjamim Silva. *A monitorização dos fluxos informacionais e comunicacionais - volume I*: contributo para a superação do 'Paradigma da ponderação constitucional e legalmente codificado' em matéria de escutas telefónicas. Coimbra: Coimbra Ed., 2009.

ROIPHE, Rebecca. The Serpent Beguiled Me: A history of the entrapment defense. *NYLS Legal Studies Research Paper*, New York, v. 73, n. 12/13, 2013.

ROSS, Jacqueline E. Impediments to Transnational Cooperation in Undercover Policing: a comparative study of the United States and Italy. *The American Journal of Comparative Law*, Michigan, v. 52, p. 303-358, 2005.

ROSS, Jacqueline E. The Place of Covert Policing in Democratic Societies: A comparative study of United States and Germany. *The American Journal of Comparative Law*, Michigan, v. 55, 2007.

ROSS, Jacqueline E. Valuing inside knowledge: Police infiltration as a problem for the law of evidence. *Chicago-Kent Law Review*, Chicago, v. 79, n. 3, 2004.

ROXIN, Claus et al. *La evolución de la política criminal, el derecho penal y el proceso penal*. Valencia: Tirant lo Blanch, 2000.

ROXIN, Claus. *Derecho procesal penal*. 2. ed. Trad. Gabriela E. Córdoba y Daniel R. Pastor, rev. Julio B. J. Maier. Buenos Aires: Ed. Del Puerto, 2003.

SANTOS, Juarez Cirino dos. *Direito Penal – Parte Geral*. 5.ed. Florianópolis: Conceito Editorial, 2012.

SILVA, José Afonso da. *Aplicabilidade das normas constitucionais*. 7. ed. São Paulo: Malheiros, 2009.

SILVA, Ricardo Sidi Machado da. *A interceptação das comunicações telemáticas no processo penal*. 2014. 266 f. Dissertação (Mestrado em Direito) – Faculdade de Direito, Universidade de São Paulo, São Paulo. 2014.

SLUPSKI, Diego Javier. *Modernos medios de investigación en materia penal*: el agente encubierto y otros institutos como propuestas de solución. Buenos Aires: Cathedra Juridica, 2015.

SOUZA NETO, Claudio Pereira de. Comentário ao artigo 144. *In:* CANOTILHO, J. J. Gomes et al. (Coord.). *Comentários à Constituição do Brasil*. São Paulo: Saraiva/Almedina, 2013.

ŠTARIENĖ, Lijana. The Limits of the Use of Undercover Agents and the Right to a Fair Trial Under Article 6(1) of the European Convention on Human Rights. *Jurisprudencija: Mokslo darbu žurnalas*, Moscou, p. 263-283, 2009.

STOPPONI, Cinzia. *Le operazioni sotto copertura*. Attività di prevenzione, attività di polizia giudiziaria, riflessi sulla prova dichiarativa. 2008. 125f. Tese (Doutorado em Direito e processo Penal), Università di Bologna, Itália, 2008.

TARUFFO, Michele. *La prueba de los hechos*. 4. ed. Madrid: Trotta, 2011.

TOLEDO, Francisco de Assis. *Princípios básicos de direito penal*. 5. ed. 17. tir. São Paulo: Saraiva, 2012.

TONINI, Paolo. *A prova no processo penal italiano*. São Paulo: Revista dos Tribunais, 2002.

TONINI, Paolo. *La prova penale*. 4. ed. Padova: Cedam, 2000.

UBERTIS, Giulio. Il contraddittorio nella formazione della prova penale. *In:* YARSHELL, Flávio Luiz; MORAES, Maurício Zanóide de (Coord.). *Estudos em homenagem à professora Ada Pellegrini Grinover*. São Paulo: DPJ, 2005.

VALENTE, Manuel Monteiro Guedes. La investigación del crimen organizado. Entrada y registro en domicilios por la noche, el agente infiltrado y la intervención de las comunicaciones. *In:* SANZ MULAS, Nieves (Coord.). *Dos décadas de reformas penales*. Granada: Comares, 2008.

VENTURA, Nicoletta. *Le investigazioni under cover dela polizia giudiziaria*. Bari: Cacucci Editore, 2008.

VIEIRA, Renato Stanziola. Testemunha anónima e paridade de armas na jurisprudência do Tribunal Europeu dos Direitos do Homem: encontros e desencontros. *Revista Portuguesa de Ciência Criminal*, Coimbra, v. 20, n. 3, p. 415-449, jul./set. 2010.

WAMSLEY, Nicholas. Big Brother Gone Awry: undercover policing facing a legitimacy crisis. *American Criminal Law Review*, Washington, v. 52, n. 1, 2015.

Esta obra foi composta em fonte Palatino Linotype, corpo 10
e impressa em papel Pólen Bold 70gr (miolo) e Supremo 250g (capa)
pela Gráfica Laser Plus.